실무에서 바로 사용하는

데이터
전처리 및
통합분석

with KNIME

데이터 전처리에서
분석, 시각화까지

실무에서 바로 사용하는

데이터 전처리 및 통합분석

with KNIME

잘레시아 지음

렛츠북

◈ 집필진 인사말, 잘레시아 DX팀 ◈

최규호   KNIME에 처음 입문하는 사용자들에게 이 책이 조금이나마 도움이 되었으면 합니다.

주충재   함께 성장해요. 나의 나임 오렌지나무.

김도희   How's it KNIME? 나임을 통해 데이터 분석가가 되어봐요! (@・∪＜@)-☆

최재환   최고의 분석 플랫폼으로 Vamos, KNIME!

김희현   KNIME으로 데이터를 쉽고 자유롭게 다뤄보세요. Have a good KNIME!

백성식   ㄴr임은 ㄱㅏ끔 보물을 흘린ㄷㅏ…☆

이정진   Just KNIME It! 데이터 분석, KNIME이면 누구나 시작할 수 있습니다.

이승목   You&I 너와 나임

강성빈   직관적인 데이터 분석이 필요한 분들께, 나임의 시작과 끝을 알려드립니다.

유 황   국내 데이터 전처리 분야의 선두주자인 잘레시아가 KNIME 사업을 통해 분석 및 머신러닝까지 포함하는 통합 빅데이터 기업으로의 전문성을 높이는 데 일조하여 영광스러울 따름입니다.

우효식   코딩 없이 가능한 데이터 전처리 및 통합분석을 한 번에!

이훈태   그림으로 이해하는 데이터 처리 및 분석

유승아   드래그 앤드 드롭! 누구나 쉽고 빠르게 데이터 전처리와 분석을 경험하세요.

김영선   간단한 분석부터 머신러닝까지, KNIME과 함께 정복해보세요!

김민지   직관적인 GUI로 데이터 전처리 작업부터 빅데이터 작업까지 KNIME과 함께하세요!

김건주   어려운 분석도 KNIME을 이용하면 쉽게 접근할 수 있습니다. KNIME으로 분석을 시작해보세요.

3강. 데이터 전처리 실습

4강. 데이터 분석 실습

5강. KNIME Web Portal

6강. KNIME Server

1강

KNIME

KNIME의 개념과 설치 방법

1. KNIME이란

KNIME은 2004년 독일 Konstanz University의 엔지니어 소프트웨어 개발팀이 개발한 데이터 분석 소프트웨어입니다. KNIME은 오픈소스 프로그램으로 개방적이며, 확장성이 뛰어납니다. 하나의 프로그램에서 데이터 읽기부터 정제, 변환, 분석, 모델링, 시각화, 출력까지 분석 전 과정을 구현할 수 있습니다. 또한 모든 메뉴와 과정을 GUI로 구현하므로 손쉽게 직관적으로 Visual Workflow를 생성할 수 있습니다.

데이터 가공, 정제, 분석, 시각화, 머신러닝, AI까지 단일 플랫폼에서 파이프라인 구축

Visual Workflow를 통한 손쉬운 접근 및 작업의 유연성을 보장하는 I/F 제공

4,000여 개의 노드 제공으로 다양한 데이터 연결, 전처리 및 분석 가능

R, Python, Java 등 Script 언어 및 기존 사용하던 분석 스크립트 활용 가능

Workflow에 대한 스케줄 관리가 가능하여 자동화된 분석 가능

개방형 구조(Open Architecture)로 다양한 외부 Application과의 유연한 연동 가능

KNIME은 Desktop 버전과 Server 버전을 제공합니다. Desktop 버전을 통해 누구나 KNIME Analytics Platform을 무료로 사용할 수 있습니다. 사용자 PC 사양이 성능에 영향을 미치기도 하는데 이러한 경우 유료 라이선스인 Server 버전을 사용하면 성능 제한 없이 서버 자원을 활용한 고성능 처리가 가능합니다. 스케줄링 기능을 통해 반복되는 작업을 자동화할 수 있으며, 자신의 작업물을 공유하고 동료와 협업할 수 있는 기능을 제공합니다.

구분	구성	내용
Desktop	KNIME Analytics Platform	오픈소스(GPL License) 기반의 무료 S/W
KNIME Server	KNIME Server Extensions	고성능 처리, 스케줄 처리, 분석 자료 공유 등
Big Data	KNIME Big data Extensions	HDFS, Hive 등의 Hadoop 지원, Spark 연계 등

KNIME Analytics Platform은 공식 홈페이지에서 무료로 다운로드할 수 있습니다. 운영체제별로 설치 파일을 제공하므로 Window, Linux 또는 Mac OS에 설치 가능합니다. 이 책에서는 KNIME Analytics Platform의 Window 버전 설치 방법에 대해 다뤄보겠습니다.

2. KNIME Analytics Platform 설치 (Window)

1) https://www.knime.com/downloads 페이지로 접속합니다. 'Download KNIME'을 선택합니다.

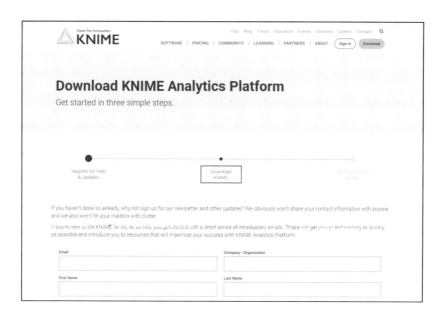

2) 'KNIME Analytics Platform for Windows(installer)'를 선택하여 다운로드합니다. (self-extracting/zip archive용 설치 파일도 제공합니다)

> 이 책에서는 KNIME Analytics Platform 4.6.0 버전 기준으로 설치를 진행합니다. 이전 버전의 설치를 원하는 경우, 페이지 하단의 'If you are interested in a previous version of KNIME Analytics Platform, please click here.' 문구에서 밑줄 친 here을 클릭하십시오. 이전 버전에 대한 설치 파일을 다운로드할 수 있습니다.

3) 개인정보 보호정책 및 이용약관에 동의 체크 후, 'Download' 버튼을 클릭합니다.

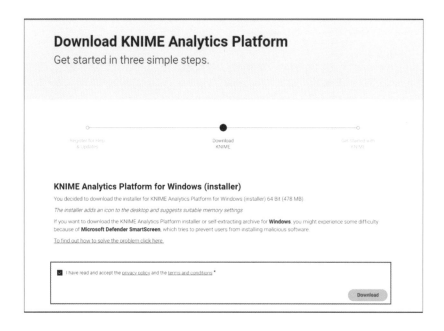

4) PC에서 다운로드받은 파일을 실행합니다.

⤓ KNIME 4.6.0 Installer (64bit)

5) 라이선스 약관에 동의('I accept the agreement') 체크 후, 'Next' 버튼을 클릭합니다.

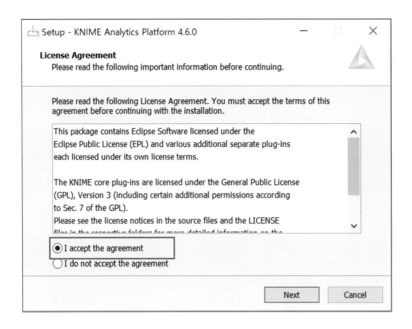

6) 설치 경로를 지정한 후, 'Next' 버튼을 클릭합니다.

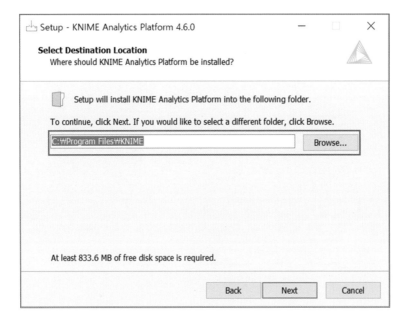

7) 시작 메뉴에 생성할 폴더를 선택한 후, 'Next' 버튼을 클릭합니다. (아래 'Don't create a Start Menu folder' 문구를 체크하면, 시작 메뉴에 폴더가 생성되지 않습니다)

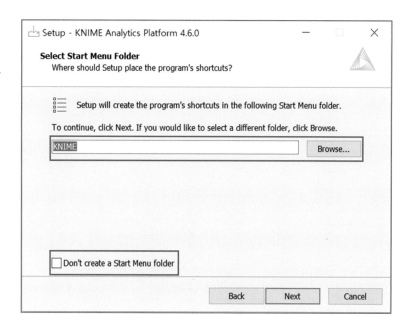

8) 아래 설정에 대해 선택한 후, 'Next' 버튼을 클릭합니다.

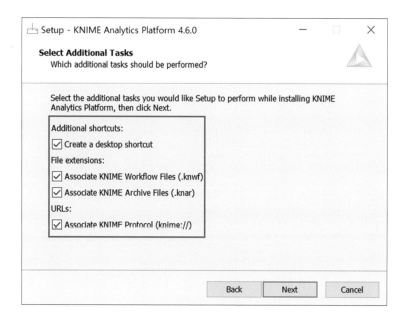

- Create a desktop shortcut: 바탕화면에 바로가기 아이콘 생성

- Associate KNIME Workflow Files(.knwf): Workflow 파일 자동으로 연결

- Associate KNIME Archive Files(.knar): Workflow group 파일 자동으로 연결

- Associate KNIME Protocol(knime://): KNIME 프로토콜 자동으로 연결

KNIME Analytics Platform 실행 시 사용할 수 있는 메모리양을 지정합니다. 이 값은 사용자의 PC에서 사용할 수 있는 메모리양에 따라 달라집니다. 일반적으로 사용 가능한 메모리의 약 절반으로 설정할 것을 권장합니다.

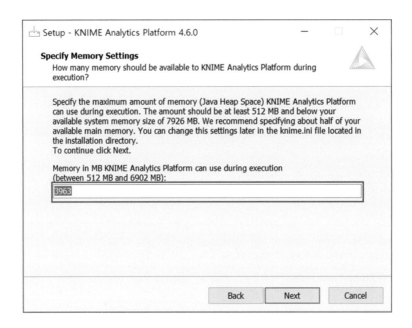

9) 다음 'Make installation folder writeable for everyone' 문구를 체크하면 관리자가 아닌 일반 유저에게도 설치 디렉터리의 쓰기 권한이 부여됩니다. 권한 부여 여부를 선택하고, 'Next' 버튼을 누릅니다. (설치 디렉터리에 대한 쓰기 권한이 없는 경우, KNIME Analytics Platform의 업데이트 및 확장 기능 설치에 제약이 있습니다)

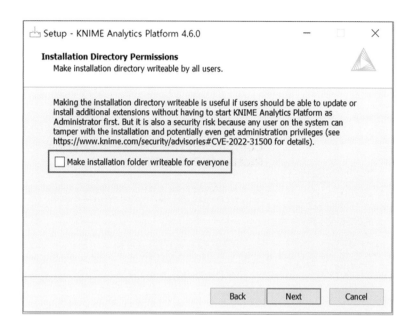

10) 앞에서 설정한 내용을 확인하고 'Install' 버튼을 클릭하여 설치를 시작합니다.

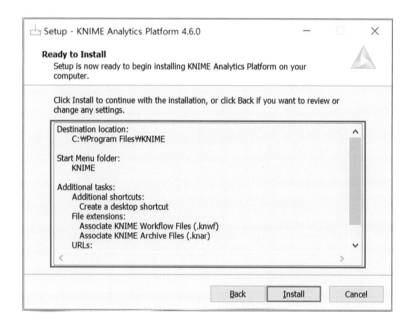

11) 설치가 완료되면, 'Launch KNIME Analytics Platform' 문구를 체크하고 'Finish' 버튼을 클릭하여 KNIME Analytics Platform을 실행합니다.

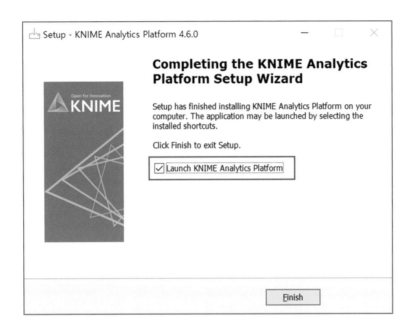

12) 작업공간 경로를 선택한 후, 'Launch' 버튼을 클릭합니다. (아래 'Use this as the default and do not ask again' 문구를 체크하면, 해당 경로를 기본값으로 KNIME Analytics Platform이 실행됩니다)

13) 사용자 로그 데이터 제공 여부를 선택합니다. (해당 정보는 익명으로 수집되며 플랫폼의 사용

성을 향상시키는 목적으로만 사용됩니다)

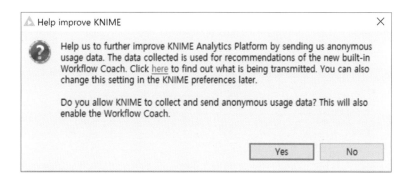

14) KNIME Analytics Platform 실행 시 다음과 같은 화면을 확인할 수 있습니다.

3. KNIME 확장 기능 설치

KNIME Analytics Platform에는 기본 제공 노드 이외에 보다 복잡한 데이터 접근 및 처리,
고급 알고리즘 사용 등을 위한 기능을 추가로 설치할 수 있습니다.

1) 'File' 선택 후, 'Install KNIME Extensions'를 클릭합니다.

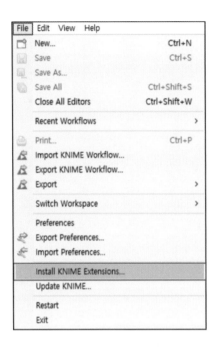

2) 설치할 확장 기능의 카테고리를 선택한 후, 'Next' 버튼을 클릭합니다. (기본값으로 최신버 전 및 상위 카테고리가 표시됩니다. 카테고리 하위의 기능은 개별적으로 선택 가능합니다)

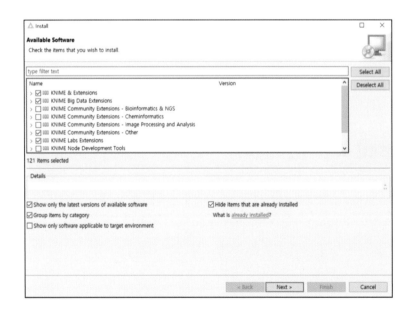

3) 선택한 카테고리 하위의 세부 설치 목록과 총 사이즈를 확인합니다. 이대로 설치를 진행하려면 'Next' 버튼을 클릭합니다.

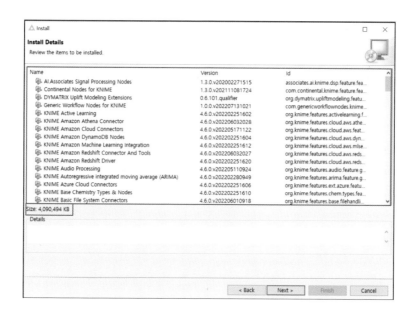

4) 라이선스 동의('I accept the terms of the license agreements') 체크 후, 'Finish' 버튼을 클릭합니다.

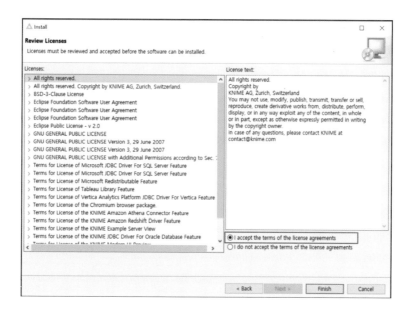

5) 화면 우측 하단에서 설치 진행률을 확인할 수 있습니다.

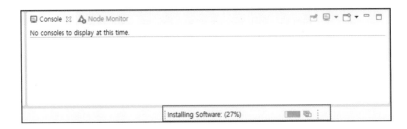

6) 설치가 완료되면 변경사항을 적용하기 위해 KNIME Analytics Platform을 재시작합니다. 'Restart Now' 버튼을 클릭합니다.

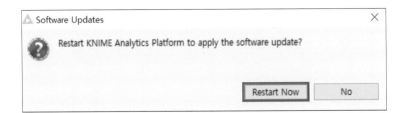

4. KNIME 확장 기능 설치 (오프라인)

1) 아래 URL에서 KNIME Extension 관련 Zip 파일 3개를 다운받습니다.

- KNIME Analytics Platform Update Site / File Size(7.6GB): https://update.knime.org/analytics-platform/UpdateSite_latest46.zip

- KNIME Community Extensions(Trusted) / File Size(1.7GB): https://update.knime.com/community-contributions/trusted/4.6/TrustedCommunityContributions_4.6_202207230707.zip

- KNIME Partner Extensions / File Size(614MB): https://update.knime.com/partner/4.6/

com.knime.update.partner_4.6.0.zip

2) 다운로드받은 파일은 압축을 풀지 않고 그대로 둡니다.

3) KNIME Analytics Platform을 실행하고 기존에 체크되어있는 KNIME Extension 경로를 해제합니다.

(1) 'File → Preferences → Install/Update → Available Software Sites'를 선택합니다.

(2) 기존 KNIME Extension 경로를 해제합니다.

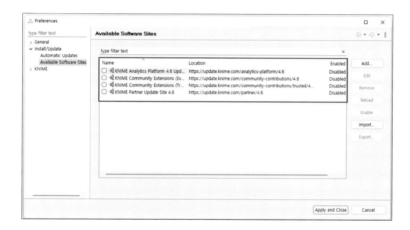

4) KNIME Extension Zip 파일 경로를 추가합니다.

(1) 'Add' 버튼을 누르고 Name 입력 및 Zip 파일의 경로를 설정합니다. 3개의 Zip 파일이 존재하므로 각각의 경로를 지정합니다.

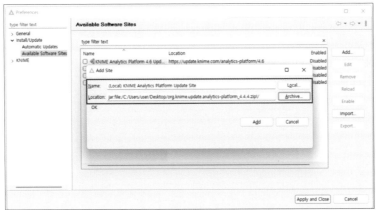

(Location 경로 설정 시 공유 폴더 및 네트워크 드라이브 경로도 사용할 수 있습니다)

(2) 3개의 Zip 파일 경로를 지정한 후 'Apply and Close' 버튼을 클릭합니다.

5) Extension을 설치합니다.

(1) 'File → Install KNIME Extensions…'을 클릭하면 다운받아서 사용할 수 있는 다양한 Extension이 나타납니다. (클릭 시 뜨는 경고창은 '예'를 눌러 진행하시면 됩니다)

(2) 원하는 Extension 선택 후, Next 버튼을 클릭하여 다운받으면 됩니다. (복수 선택 가능)

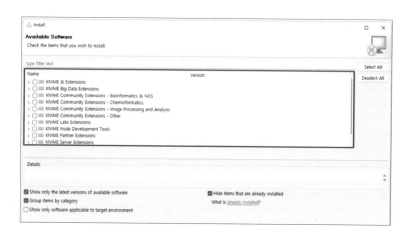

2강

KNIME

KNIME
Analytics
Platform

1. KNIME Analytics Platform 화면 구성

KNIME Analytics Platform은 다음과 같이 7개의 화면으로 구성되어있습니다.

1.1 상단 메뉴

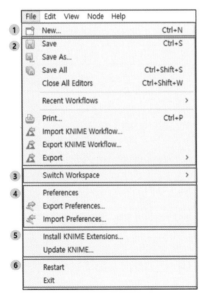

■ **File**

❶ 새로 만들기(Workflow, Workflow Group)

❷ Workflow 저장/종료/최근 작업 불러오기/인쇄/
불러오기/내보내기

❸ 로컬 작업공간 경로 변경

❹ 환경 설정/내보내기/불러오기

❺ KNIME 확장 기능 설치/업데이트

❻ KNIME 재시작/종료

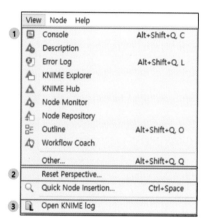

■ Edit

❶ 실행 취소/다시 실행

❷ 노드 자르기/복사/붙여넣기

❸ 노드 삭제/전체 선택

■ View

❶ KNIME에 표시할 화면 선택

❷ 처음 설정 화면으로 되돌리기

❸ KNIME 로그 화면 열기

■ Help

❶ KNIME 작업 수행에 도움이 되는 참고 페이지로 이동

❷ KNIME 정보 확인

❸ KNIME 확장 설치

1.2 툴바

아이콘	설명	아이콘	설명
	새로 만들기(Workflow, Workflow Group)		노드를 준비 상태로 되돌리기(F8)
	Workflow 저장하기(Ctrl+S)		노드 메모장 생성(Alt+F2)
	Workflow 다른 이름으로 저장하기		노드 Output 결과 출력(Shift+F6)
	열려있는 Workflow 모두 저장하기 (Ctrl+Shift+S)		노드 분석 결과 출력(F10)
100%	Workflow Editor 화면 비율 조정		메타노드 마법사 열기
	가장 위쪽에 있는 노드를 기준으로 열 맞춤		모든 노드 이름에 번호 생성(Ctrl+Alt+W)
	가장 왼쪽에 있는 노드를 기준으로 행 맞춤		모든 노드 이름 숨기기(Ctrl+Alt+Q)
	노드의 실행순서를 고려하여 행과 열 맞춤		하나의 루프 실행(Ctrl+Alt+F6)
	노드 설정 창 열기(F6)		루프 실행 중지(Ctrl+Alt+F7)
	노드 실행(F7)		루프 실행 재시작(Ctrl+Alt+F8)
	전체 노드 실행(Shift+F7)		Workflow Editor 창 열기
	노드를 실행하고 View 결과 출력(Shift+F10)		KNIME Sever 웹 화면 레이아웃 설정(Workflow 결과 화면)
	노드 실행 중지(F9)		모든 노드 실행 중지(F9)

1.3 KNIME Explorer

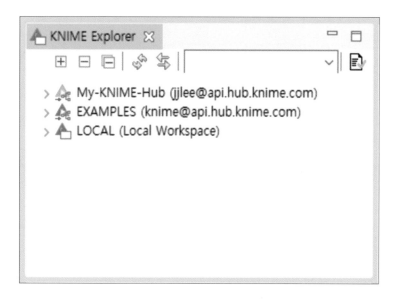

화면의 왼쪽 상단에 있는 KNIME Explorer에서는 서버 및 로컬 작업공간을 살펴볼 수 있습니다. 기본적으로 다음 세 가지 공간이 제공됩니다.

- My-KNIME-Hub: KNIME Hub에 연결하여, 커뮤니티에서 Workflow 및 Component 를 공유하거나 협업할 수 있습니다.
- EXAMPLES: 다양한 Workflow 예제들이 저장되어있는 EXAMPLES 서버입니다.
- LOCAL: 로컬에서 지정한 작업공간의 폴더입니다.

> KNIME Hub에서는 노드, 확장 기능, Component, Workflow를 검색 및 추가할 수 있습니다. 커뮤니티에 있는 예제들 을 통해 사용자들이 구축한 Workflow나 Component에 대한 설명을 찾아볼 수 있습니다. 또한 사용자들과 Workflow 및 Component를 공유하고 협업할 수 있습니다.

시버 라이신스가 있는 경우에는 KNIME 시버 저징소를 추가하여 연결힐 수 있습니다.

1.4 Workflow Coach

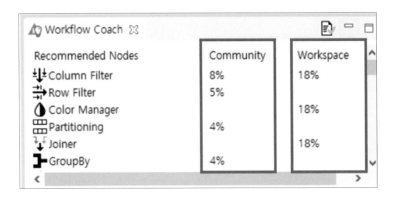

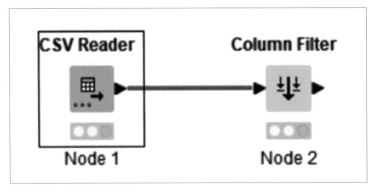

Workflow Coach는 KNIME Explorer 하단에 위치하고 있으며 자주 사용되는 노드를 추천합니다. 노드 추천은 커뮤니티 또는 나의 Workspace를 기준으로 합니다. 특정 노드를 선택하는 경우에는 해당 노드 다음으로 가장 많이 사용되는 노드를 추천하며 이는 KNIME 커뮤니티 사용 통계 기준으로 확률이 표시됩니다.

1.5 Node Repository

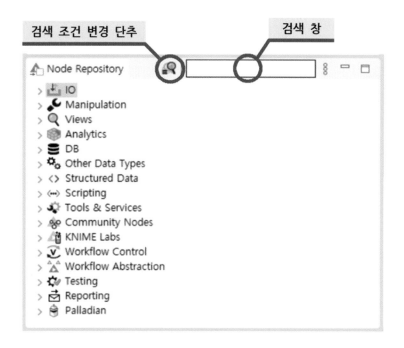

Node Repository는 화면 왼쪽 하단에 위치하고 있으며 KNIME에서 작업을 구성하는 데 사용할 수 있는 노드를 표시합니다. 검색창을 통해 현재 설치되어있는 사용 가능한 노드를 검색할 수 있습니다. 검색 결과는 기본적으로 검색어와 일치하는 경우에 출력되는데 검색조건 변경 단추를 클릭하면 검색어와 유사한 경우도 포함하여 출력됩니다.

동일한 결과만 출력　　　　　　　　유사한 경우도 포함하여 출력

1.6 Workflow Editor

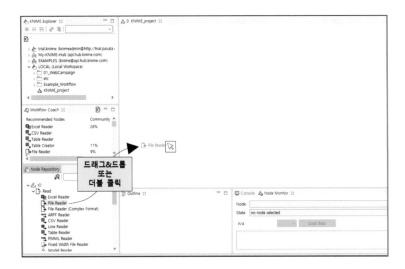

Workflow Editor는 중앙 상단에 위치한 Workflow 편집기입니다. Node Repository에서 검색한 노드를 더블 클릭하거나 Workflow Editor 화면에 드래그&드롭하여 추가할 수 있습니다. 노드에 대한 옵션을 설정하고, 개별 노드들을 연결하여 하나의 Workflow를 구성할 수 있는 화면입니다.

1.7 Outline

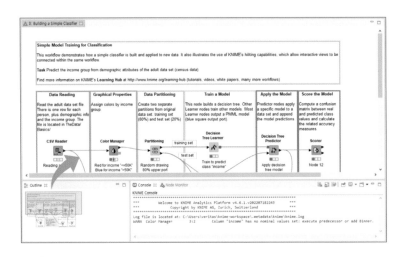

Outline 화면은 하단 중앙에 위치하고 있으며 Workflow Editor 화면을 거시적으로 확인할 수 있는 미니맵입니다. Outline 화면에서 파란색 박스 영역이 현재 Workflow Editor 화면에 보여지는 영역이며, 파란색 박스를 움직여서 보여지는 화면을 이동할 수 있습니다.

1.8 Console

Console은 화면 하단 우측에 위치하고 있습니다. Console에서는 Workflow 실행과 관련된 문제에 대한 경고 및 오류 메시지를 출력합니다.

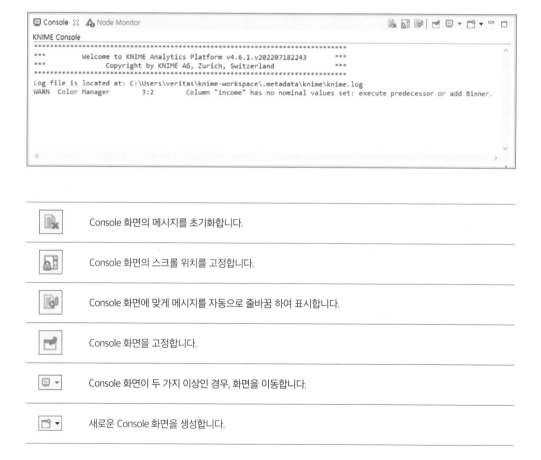

	Console 화면의 메시지를 초기화합니다.
	Console 화면의 스크롤 위치를 고정합니다.
	Console 화면에 맞게 메시지를 자동으로 줄바꿈 하여 표시합니다.
	Console 화면을 고정합니다.
	Console 화면이 두 가지 이상인 경우, 화면을 이동합니다.
	새로운 Console 화면을 생성합니다.

Console에 출력할 메시지의 수준을 변경하는 방법은 다음과 같습니다.

1) 화면 상단의 'File' 버튼을 클릭하고, 'Preferences' 버튼을 클릭합니다.

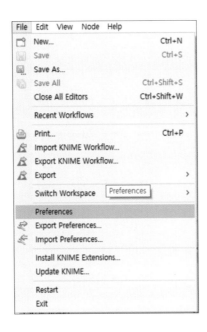

2) 왼쪽 패널에서 'KNIME GUI'를 클릭하고, 우측에서 'Console View Log Level'을 선택

합니다.

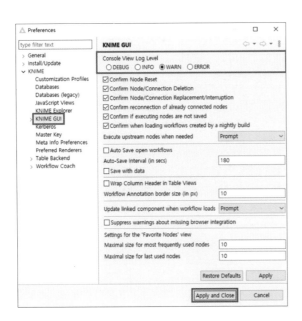

3) ‘Apply and Close’ 버튼을 클릭하여 설정을 저장합니다.

1.9 Description

Description은 화면 좌측에 위치해 있는 도움말입니다. 현재 선택한 노드에 대한 설명을 제공합니다. 노드에 대한 일반적인 설명과 함께 사용 가능한 설정 옵션, 입력 및 출력 포트에 대한 설명을 보여줍니다.

2. Workflow 생성하기

1) File에서 'New'를 클릭합니다.

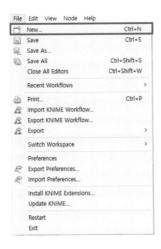

2) 새로 열린 창에서 'New KNIME Workflow'를 선택하여 새로운 Workflow를 생성합니다. 그다음 'Next' 버튼을 클릭합니다.

3) 생성할 Workflow의 이름을 입력하고 'Browse' 버튼을 클릭하여 경로를 지정합니다. 그다음 'Finish' 버튼을 클릭합니다.

4) LOCAL 하위에 Workflow가 생성됩니다.

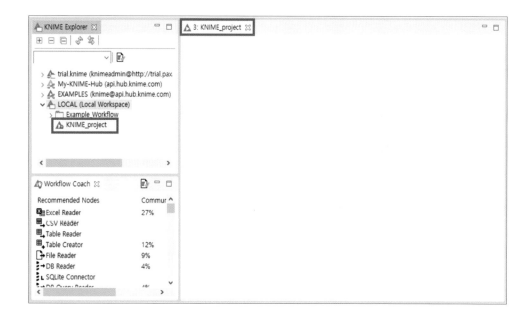

3. PC 환경에서 Workflow 내보내기

생성한 Workflow는 원하는 경로에 파일로 공유할 수 있습니다.

1) 'LOCAL' 작업공간에서 마우스 오른쪽 버튼을 클릭하고, 'Export KNIME Workflow…' 를 선택합니다.

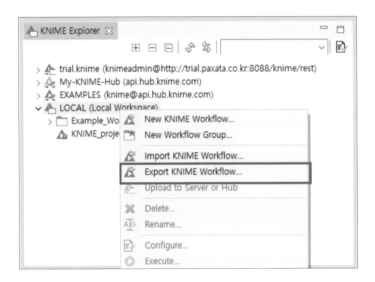

2) 'Select' 버튼을 클릭하여 'LOCAL' 작업공간에서 내보낼 Workflow 또는 Workflow Group을 선택합니다. 'Browse' 버튼을 클릭하여 LOCAL에 내보낼 경로와 이름을 지정합니다.

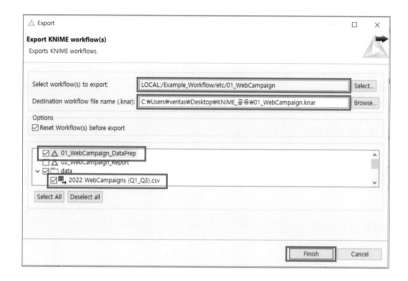

3) 지정한 경로에 생성된 파일을 확인할 수 있습니다.

KNIME Explorer 화면의 Workflow와 Workflow Group 아이콘

	Workflow: 노드를 사용하여 데이터를 분석하는 작업 모음으로 파일 확장자는 .knwf(KNIME 워크플로 파일) 입니다.
	Workflow Group: Workflow, 데이터 파일, Component 및 메타 노드를 저장할 수 있는 폴더로 파일의 확장자는 .knar(KNIME 아카이브 파일)입니다.

4. PC 환경에서 Workflow 불러오기

1) 'LOCAL' 작업공간에서 마우스 오른쪽 버튼을 클릭하고, 'Import KNIME Workflow…'를 선택합니다.

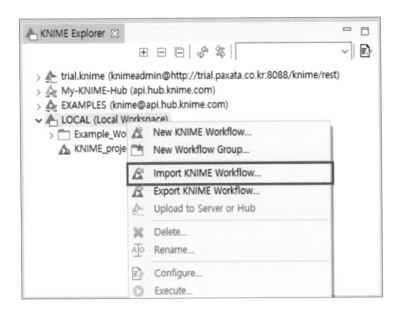

2) 상단의 'Source'에서 불러올 파일 혹은 폴더를 선택합니다. 'Destination'에서는 KNIME
LOCAL에서 파일이 위치할 경로를 지정합니다. 'Import Elements'에서 선택한 파일에 포
함된 Workflow나 Data를 선택할 수 있습니다. 'Finish' 버튼을 클릭하여 설정을 마칩니다.

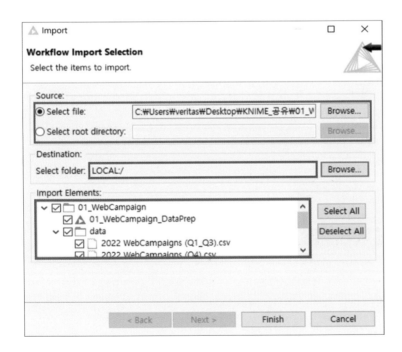

3) 지정한 경로에 생성된 파일을 확인할 수 있습니다.

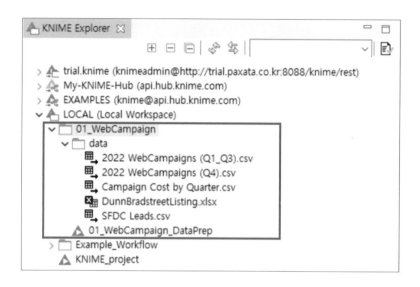

5. 노드

KNIME Analytics Platform에서 개별 작업은 노드를 통해 실행됩니다. 노드를 사용해 파일 읽기/쓰기, 데이터 변환, 모델링, 시각화, 출력 등 모든 종류의 작업을 수행할 수 있습니다.

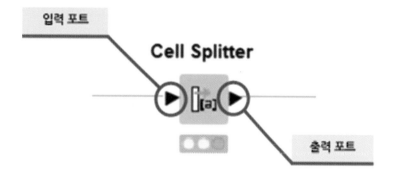

5.1 노드 포트

노드의 양쪽에 있는 도형을 포트(Port)라고 부릅니다. 노드의 왼쪽에 있는 포트는 노드에서 처리할 데이터를 입력받는 Input 포트입니다. 오른쪽에 있는 포트는 노드 작업 결과 데이터를 출력하는 Output 포트입니다. 데이터는 출력 포트에서 다른 노드의 입력 포트를 통해 연결되며, 상호 연결된 노드의 모음으로 Workflow가 구성됩니다.

5.2 노드 상태

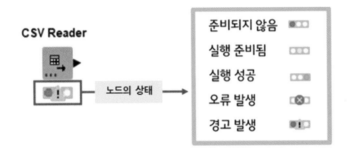

노드 아래의 신호등 모양 박스는 노드의 상태를 의미합니다. 빨간색은 노드 설정이 입력되지 않은 초기 상태, 노란색은 노드의 설정을 입력했으나 아직 노드를 실행하지 않은 상태, 초록색은 노드가 성공적으로 실행이 완료된 상태를 의미합니다. 빨간색 동그라미 안 엑스(×) 표시는 노드 실행에 문제가 있어 에러가 난 상태를 의미하며, 노란색 세모 안 느낌표(!)는 경고를 의미합니다. 해당 느낌표 위에 마우스를 올려놓으면 경고 내용 확인이 가능합니다.

5.3 노드 실행 및 결과 확인

노드를 실행하기 위해서는 먼저 실행이 준비된 상태여야 합니다.

1) 노드를 선택하고 마우스 오른쪽 버튼을 누른 후
'Configure'을 누르면 설정 창이 열립니다.

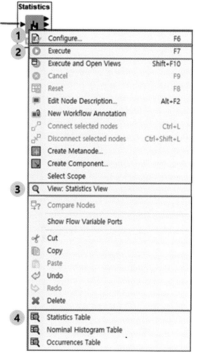

2) 노드의 설정이 오류 없이 완료되면 실행할 수 있습니다.

3) 준비된 노드를 선택하고 마우스 오른쪽 버튼을 누른 후 'Execute' 버튼을 누르면 실행됩니다. (다른 노드와 연결되어있는 노드를 선택하여 실행하는 경우, 선택한 노드의 앞에 연결되어있는 노드도 자동으로 실행됩니다)

4) 노드의 실행이 정상적으로 완료되면 결과를 확인할 수 있습니다. 실행 결과는 크게 두 가지로 분석 결과(View)와 출력 포트의 테이블(Output table)이 있습니다.

실행된 노드를 선택하고 마우스 오른쪽 버튼을 누른 후 아이콘으로 시작하는 버튼을 누르면 분석 결과(View) 창이 열립니다.

실행된 노드를 선택하고 마우스 오른쪽 버튼을 누른 후 아이콘으로 시작하는 버튼을 누르면 출력 결과 테이블(Output table) 창이 열립니다. (출력 포트의 개수에 따라 확인 가능한 결과 테이블도 달라집니다)

3강

KNIME

데이터 전처리 실습

본 장에서는 KNIME을 활용하여 데이터를 전처리하는 과정을 간단한 시나리오 기반으로 소개합니다.

데이터 수집에서부터 전처리 과정 전반에 걸쳐 가장 많이 사용되는 데이터 변환 케이스를 선별하여 실습을 통해 기초적인 노드 사용법에 익숙해지고 KNIME과 친숙해지는 것을 목표로 합니다. 실습은 마케팅 캠페인의 분기별 지출 금액을 집계하는 WebCampaign 비즈니스 시나리오 기반으로 진행됩니다.

실습에서는 마케팅 캠페인 데이터에 대해, 사용자들이 수작업으로 작성하여 정합성이 떨어지는 데이터를 보정하고, 고객 및 기업 관련 데이터를 조인하는 작업을 진행하여 데이터를 보강합니다. 또한 분기 Column을 Unpivoting 하여 마케팅 캠페인의 분기별 지출금액을 나타내는 테이블을 만들 예정입니다. 실습에 사용되는 데이터는 잘레시아(Zalesia) 네이버 공식 블로그에서 확인 및 다운로드할 수 있습니다.[*]

전체 Workflow 구성

---

[*] https://blog.naver.com/zalesia2020 → 카테고리 → 잘레시아 솔루션 → 나임_KNIME

1. 데이터 추가하기

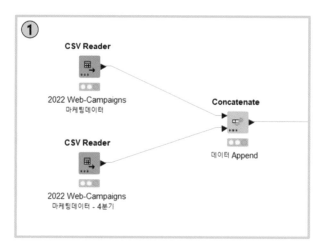

1.1 CSV 파일 가져오기

CSV Reader 노드

CSV Reader 노드를 사용하여, 1, 2, 3분기 마케팅데이터 파일을 가져옵니다.

CSV Reader

데이터 가져오기

노드 설명

CSV Reader는 CSV 파일을 KNIME에 가져오기 위해 사용되는 노드입니다. 해당 노드를 더블 클릭하면, 설정 창이 열립니다.

노드 설정

① Input location

- Read from-Local File System: 파일을 가져오는 기본 경로를 지정합니다.

- File: 가져오려는 데이터의 경로를 지정합니다. ('2022 WebCampaigns (Q1_Q3).csv' 파일 경로 지정)

② Preview: 불러온 데이터를 미리보기 합니다.

CSV Reader 노드를 사용하여 누락된 4분기 마케팅데이터 파일을 가져옵니다. 옵션에서 Column명을 변경하고 가져옵니다. (Form Link → URL)

노드 결과

① Input location

- File: 가져오려는 데이터의 경로를 지정합니다. ('2022 WebCampaigns (Q4).csv' 파일 경로 지정)

② Transformation 탭

- New name → (Form Link → URL): 불러온 데이터의 Column명을 변경합니다.

1.2 데이터 추가하기

Concatenate 노드

1, 2, 3분기 데이터에 4분기 데이터를 추가합니다. Concatenate 노드의 입력포트에 추가할 데이터를 연결합니다. (상단 포트에는 1, 2, 3분기 데이터를 연결하고, 하단 포트에는 추가할 4분기 데이터를 연결합니다)

Concatenate

데이터 Append

노드 설명

Concatenate 노드를 사용하면, 두 개의 테이블을 연결하여 하나의 테이블을 생성할 수 있습니다. 상단 입력 포트에 기준이 되는 첫 번째 테이블을 연결합니다. 하단 입력 포트에는 두 번째로 추가할 테이블을 연결합니다.

노드 설정

① Duplicate row ID handling: 중복되는 row ID를 처리하는 옵션입니다.

- Skip Rows: 두 번째 테이블의 row ID가 중복되는 행을 제거합니다.

- Append Suffix: row ID가 중복되는 경우, 입력하는 접미사를 부착하여 중복되는 row ID를 식별합니다. (두 번째 테이블의 row ID에 접미사 부착)

- Fail Execution: row ID가 중복되는 경우, 실행이 실패됩니다.

② Column handling

- Use interaction of columns: 두 테이블에서 공통적으로 일치하는 Column만 출력합니다.

- Use union of columns: 두 테이블에 존재하는 모든 Column을 출력합니다.

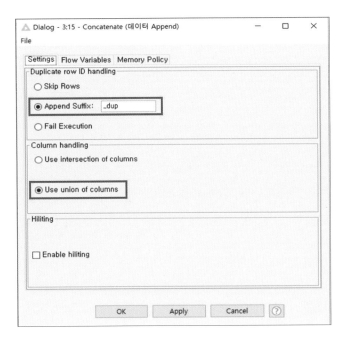

2. Column 분할 및 병합하기

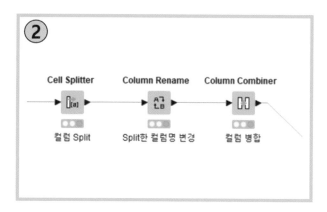

2.1 Column 분할하기

Cell Splitter 노드

Cell Splitter 노드를 사용하여 'Campaign' Column의 값을 구분자를 기준으로 분할합니다.

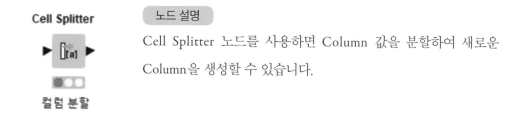

노드 설명

Cell Splitter 노드를 사용하면 Column 값을 분할하여 새로운 Column을 생성할 수 있습니다.

노드 설정

① Column to split

- Select a column → Campaign: 값을 분할할 대상 Column을 선택합니다.

- Remove input column: 체크 시 대상 Column은 사라지고, 새로운 Column만 생성됩니다.

② Settings

- Enter a delimiter → '_(언더바)': Column 값을 분할하기 위한 구분자를 선택합니다.

 (Use ₩ as escape character: 구분자 입력 시, escape 문자를 사용합니다)

- Remove leading and trailing white space chars(trim): 구분자의 앞뒤 공백이 있을 경우,

 공백을 제거하고 Column 값을 분할합니다.

Select a column → Campaign, Enter a delimiter → '_(언더바)' 선택 시, 아래와 같이 Column

이 분할됩니다.

Row ID	S Campaign	S Campaign_Arr[0]	S Campaign_Arr[1]	S Campaign_Arr[2]	S Campaign_Arr[3]	S Campaign_Arr[4]
Row0	FY22_Q1_EMEA_VP_IntelPartner	FY22	Q1	EMEA	VP	IntelPartner
Row1	FY22_Q3_LAD_VP_Demo	FY22	Q3	LAD	VP	Demo
Row2	FY22_Q3_WW_VP_FreeTrial	FY22	Q3	WW	VP	FreeTrial
Row3	FY22_Q1_EMEA_Exec_WhitePaper	FY22	Q1	EMEA	Exec	WhitePaper
Row4	FY22_Q1_APAC_VP_CostMatters	FY22	Q1	APAC	VP	CostMatters
Row5	FY22_Q1_EMEA_VP_3in1	FY22	Q1	EMEA	VP	3in1
Row6	FY22_Q1_LAD_Exec_WorldIsFlat	FY22	Q1	LAD	Exec	WorldIsFlat
Row7	FY22_Q2_NA_Email_3in1	FY22	Q2	NA	Email	3in1
Row8	FY22_Q3_LAD_Direct_IOT	FY22	Q3	LAD	Direct	IOT

Table "default" - Rows: 28498 Spec - Columns: 6 Properties Flow Variables

③ Output

- A new columns: 구분된 Column 값을 각각 새로운 Column으로 생성합니다.

- Split input column name for output column names: 값을 구분하는 기준과 동일하게 Column명도 분할합니다.

- Set array size: 새로 생성할 Column의 개수를 수동으로 지정합니다.

- Guess size and column types: 자동으로 Column의 개수를 지정합니다.

- Scan limit: Column의 개수를 지정하기 위해 스캔할 행의 수를 지정합니다.

2.2 Column명 변경하기

Column Rename 노드

Column Rename을 사용하여 'Campaign' Column을 분할하여 새로 생성한 Column의 이름을 변경합니다.

Column Rename

컬럼명 변경

노드 설명

Column Rename 노드를 사용하여 Column의 이름 또는 타입을 변경할 수 있습니다.

노드 설정

각 Column명은 다음과 같이 변경합니다. (Campaign_Arr[0] → Year, Campaign_Arr[1] → Quarter, Campaign_Arr[2] → Region, Campaign_Arr[3] → Channel, Campaign_Arr[4] → CampaignName)

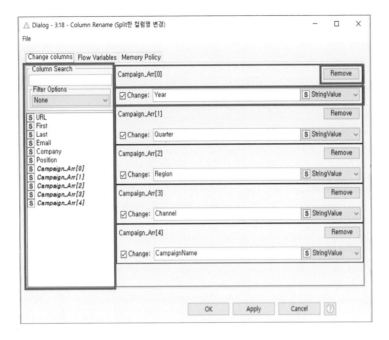

① Column Search: 변경할 Column을 검색합니다.

② Filter Options

   – None: 모든 Column을 표시합니다.

   – Modified: 선택된 Column만 표시됩니다.

   – Unmodified: 선택되지 않은 Column만 표시됩니다.

③ Column 변경: 검색할 Column을 더블 클릭하면, 우측에 Column이 추가됩니다.

   – Change: 옵션을 체크하고 변경할 Column명과 타입을 설정합니다.

   – Remove: 선택된 Column을 변경 목록에서 제거합니다.

노드 결과

S Year	S Quarter	S Region	S Channel	S CampaignName
FY22	Q1	EMEA	VP	IntelPartner
FY22	Q3	LAD	VP	Demo
FY22	Q3	WW	VP	FreeTrial
FY22	Q1	EMEA	Exec	WhitePaper
FY22	Q1	APAC	VP	CostMatters
FY22	Q1	EMEA	VP	3in1
FY22	Q1	LAD	Exec	WorldIsFlat
FY22	Q2	NA	Email	3in1

2.3 Column 병합하기

Column Combiner 노드

First(이름) Column과 Last(성) Column을 결합하여 Full Name(전체 이름) Column을 생성합니다.

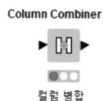

Column Combiner

컬럼 병합

노드 설명

Column Combiner 노드는 두 개 이상의 Column을 결합하여 새로운 Column을 생성합니다.

노드 설정

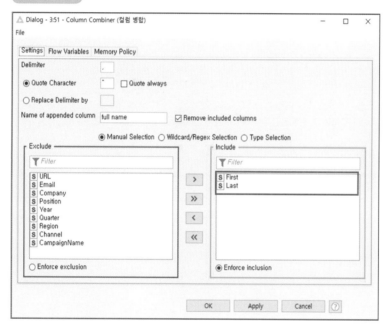

① Delimiter ▷ ',(콤마)': Column 결합 시, 사용할 구분자를 지정합니다.

② Quote Character: 구분자와 동일한 문자가 Column 값에 존재하는 경우, 해당 Column 값에 지정한 인용부호를 추가하여 결합합니다.

- Quote always: 항상 인용부호를 사용하여 Column 값을 결합합니다.

③ Name of appended column → 'full name': 결합할 Column의 이름을 설정합니다

- Remove included columns: 결합에 사용된 Column을 제거합니다.

④ Manual Selection → 'First', 'Last': Column을 직접 선택합니다. 결합 시 사용할 Column을 초록색 Include 박스 안으로 이동하도록 선택합니다.

- Enforce inclusion: 입력 데이터가 바뀌어도, 기존에 선택한 Column은 항상 고정됩니다.

노드 결과

First, Last Column이 ', (콤마)' 기준으로 하나의 Column으로 결합되었음을 확인할 수 있습니다.

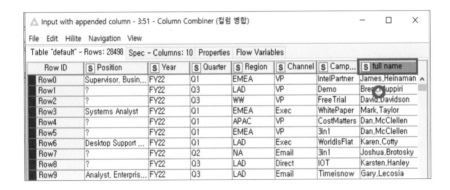

3. 데이터 추가하기

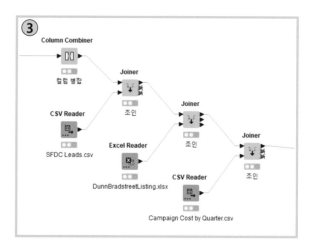

3.1 데이터 조인하기

Joiner 노드 1

CSV 노드를 사용하여 고객 데이터(SFDC Leads.csv)를 KNIME으로 가져옵니다. 그리고 Joiner 노드를 사용하여 기존 데이터와 조인합니다. 기존 데이터는 상단 포트(왼쪽 테이블)에 입력하고, 추가할 고객 데이터(SFDC Leads.csv)는 하단 포트(오른쪽 테이블)에 입력합니다.

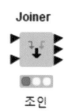

> 노드 설명
>
> Joiner 노드는 지정한 키값을 기준으로 두 테이블을 조인하여 새로운 데이터 테이블을 생성합니다.

노드 설정

① Join columns

- Match all of the following: 추가한 모든 조인 키를 기준으로 조인합니다.

- Match any of the following: 추가한 조인 키 중 하나라도 일치하면 조인합니다.

- Top Input('left' table)/Bottom Input('right' table): 조인 키를 지정합니다. 우측의 '(+/-)' 버튼을 클릭하여 Column을 추가할 수 있습니다. 왼쪽 테이블에서는 'Full name', 오른쪽 테이블에서는 'Full name' Column을 키값으로 지정합니다.

② Include in output: 조인 방법을 선택합니다. 다중 선택이 가능하며 우측의 벤 다이어그램에서 출력할 데이터의 형태를 시각적으로 나타냅니다. 'Matching rows'를 선택하여 일치하는 행만 가져옵니다.

- Matching rows: 두 테이블에서 키값과 일치하는 행만 조인하여 표시합니다.

- Left unmatched rows: 왼쪽 테이블에서 키값과 일치하지 않는 행만 표시합니다.

- Right unmatched rows: 오른쪽 테이블에서 키값과 일치하지 않는 행만 표시합니다.

Excel Reader 노드

Excel Reader 노드를 사용하여, 기업 데이터(DunnBradstreetListing.xlsx)를 KNIME으로 가져옵니다.

Excel Reader

데이터 가져오기

노드 설명

Excel Reader 노드는 Excel 파일을 KNIME에 가져오기 위해 사용되는 노드입니다.

노드 설정

① Input location

- Read from → Local File System: 파일을 가져오는 기본 경로를 지정합니다.
- File: 가져오려는 데이터의 경로를 지정합니다. ('DunnBradstreetListing.xlsx' 파일 경로 지정)

② Sheet selection

- Select first sheet with data: 선택한 파일의 첫 번째 시트를 가져옵니다.
- Select sheet with name: 시트 이름을 지정하여 데이터를 가져옵니다.
- Select sheet at index: 시트 인덱스를 지정하여 데이터를 가져옵니다.

③ Column header

- Use Excel column name: Excel 파일의 Column명을 헤더로 사용합니다.
- Use column index: Column 인덱스(Col0, Col1 …)를 헤더로 사용합니다.
- Table contains column names in row number: Excel 파일의 Column명을 헤더로 사용하는 경우, Column명으로 사용할 행 번호를 지정합니다.

Joiner 노드 2

Joiner 노드를 사용하여 기존 데이터와 기업 데이터를 조인합니다. 기존 데이터는 상단 포트(왼쪽 테이블)에 입력하고 추가할 기업 데이터(DunnBradstreetListing.xlsx)는 하단 포트(오른쪽 테이블)에 입력합니다.

① Join columns

- Top Input('left' table)/Bottom Input('right' table): 조인 키를 지정합니다. 우측의 '(+/-)'
버튼을 클릭하여 Column을 추가할 수 있습니다. 왼쪽 테이블에서는 'Column Name',
오른쪽 테이블에서는 'Organization' Column을 키값으로 지정합니다.

② Include in output: 조인 방법을 선택합니다. 다중 선택이 가능하며 우측의 벤 다이어그
램에서 출력할 데이터의 형태를 시각적으로 나타냅니다. 'Matching rows', 'Left unmatched
rows'를 선택하여 왼쪽 데이터와 일치하는 값을 가지는 오른쪽 테이블의 행을 가져옵니다.

③ Output options: 출력 포트에 대한 옵션을 설정합니다.

- Split join result into multiple tables(top = matching rows, middle = left unmatched rows,
bottom = right unmatched rows): 조인 결과를 세 가지 포트로 제공합니다.

· 상단 포트: 두 테이블에서 키값과 일치하는 행만 조인하여 표시합니다.

· 중간 포트: 왼쪽 테이블에서 키값과 일치하지 않는 행만 표시합니다.

· 하단 포트: 오른쪽 테이블에서 키값과 일치하지 않는 행만 표시합니다.

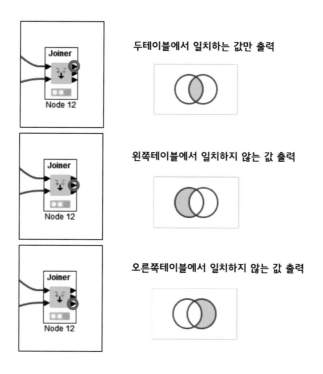

Joiner 노드 3

CSV 노드를 사용하여, 캠페인별 지출내역 데이터(Campaign Cost by Quarter.csv)를 KNIME으로 가져옵니다. 그리고 Joiner 노드를 사용하여 기존 데이터와 조인합니다. 기존 데이터는 상단 포트(왼쪽 테이블)에 입력하고, 추가할 캠페인별 지출내역 데이터(Campaign Cost by Quarter.csv)는 하단 포트(오른쪽 테이블)에 입력합니다.

노드 설정

① Join columns

- Top Input('left' table)/Bottom Input('right' table): 조인 키를 지정합니다. 우측 (+/-) 버튼을 클릭하여 Column을 추가할 수 있습니다. 왼쪽 테이블에서는 'URL', 오른쪽 테이블에서는 'Campaign SEO URL' Column을 키값으로 지정합니다.

② Include in output: 조인 방법을 선택합니다. 다중 선택이 가능하며 우측의 벤 다이어그램에서 출력할 데이터의 형태를 시각적으로 나타냅니다. 'Matching rows'를 선택하여 두 테이블에서 일치하는 값을 가져옵니다.

③ Output options: 출력 포트에 대한 옵션을 설정합니다.

- Merge join columns: 키값으로 사용된 Column명을 병합합니다.

Row ID	S URL=Campaign SEO URL
Row0_Row...	www.myco.com/mktg/resources.html?&dynform=1303&lang=en_US
Row1_Row...	www.myco.com/mktg/resources.html?&dynform=1819&lang=en_US
Row2_Row...	www.myco.com/mktg/resources.html?&dynform=1855&lang=en_US
Row3_Row...	www.myco.com/mktg/resources.html?&dynform=1595&lang=en_US
Row4_Row...	www.myco.com/mktg/resources.html?&dynform=1805&lang=en_US
Row5_Row...	www.myco.com/mktg/resources.html?&dynform=1315&lang=en_US
Row6_Row...	www.myco.com/mktg/resources.html?&dynform=1836&lang=en_US
Row7_Row...	www.myco.com/mktg/resources.html?&dynform=1251&lang=en_US

Merge join columns 옵션을 선택한 경우

Row ID	S URL	S Campaign SEO URL
Row0_Row...	www.myco.com/mktg/resources.html?&dynform=1303&lang=en_US	www.myco.com/mktg/resources.html?&dynform=1303&lang=en_US
Row1_Row...	www.myco.com/mktg/resources.html?&dynform=1819&lang=en_US	www.myco.com/mktg/resources.html?&dynform=1819&lang=en_US
Row2_Row...	www.myco.com/mktg/resources.html?&dynform=1855&lang=en_US	www.myco.com/mktg/resources.html?&dynform=1855&lang=en_US
Row3_Row...	www.myco.com/mktg/resources.html?&dynform=1595&lang=en_US	www.myco.com/mktg/resources.html?&dynform=1595&lang=en_US
Row4_Row...	www.myco.com/mktg/resources.html?&dynform=1805&lang=en_US	www.myco.com/mktg/resources.html?&dynform=1805&lang=en_US
Row5_Row...	www.myco.com/mktg/resources.html?&dynform=1315&lang=en_US	www.myco.com/mktg/resources.html?&dynform=1315&lang=en_US
Row6_Row...	www.myco.com/mktg/resources.html?&dynform=1836&lang=en_US	www.myco.com/mktg/resources.html?&dynform=1836&lang=en_US
Row7_Row...	www.myco.com/mktg/resources.html?&dynform=1251&lang=en_US	www.myco.com/mktg/resources.html?&dynform=1251&lang=en_US

Merge join columns 옵션을 선택하지 않은 경우

4. 데이터 처리하기

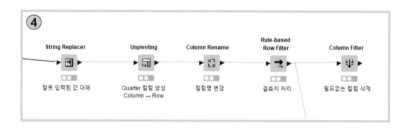

4.1 잘못 입력된 값 수정하기

String Replacer 노드

String Replacer 노드를 사용하여, Phone Column에 잘못 입력된 값을 대체하여 데이터를 통일합니다. (')' 오른쪽 소괄호 → '-' 하이픈으로 대체)

String Replacer

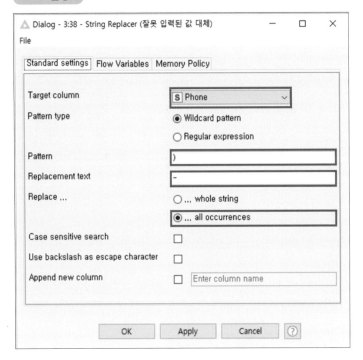

잘못 입력된 값 대체

String Replacer 노드는 String 또는 Date&Time 타입 데이터의 패턴을 찾아서 그 값을 다른 문자로 대체합니다. 와일드카드나 정규 표현식을 사용하여 패턴을 지정합니다.

노드 설정

① Target column: 값을 대체할 Column을 선택합니다. ('Phone' Column 선택)

② Pattern type: 패턴을 지정할 때 사용할 형식을 선택합니다.

   - Wildcard pattern: 와일드카드를 사용하여 패턴을 설정합니다.

   - Regular expression: 정규 표현식을 사용하여 패턴을 설정합니다.

③ Pattern: 패턴을 설정합니다. (')' 오른쪽 소괄호 선택)

④ Replacement text: 대체할 문자를 설정합니다. ('-' 하이픈 선택)

⑤ Replace ⋯

   - ⋯ whole string: 패턴과 Column의 값이 전부 일치하는 경우에만 값을 대체합니다.

‒ ··· all occurrences: 패턴과 Column의 값이 일부 일치하는 경우, 일치하는 부분만 대체합니다.

노드 결과

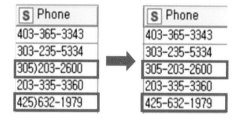

4.2 Unpivot 하기

Unpivoting 노드

Unpivoting 노드를 사용하여, 분기별 지출 Column('Q1', 'Q2', 'Q3', 'Q4')을 행으로 바꾸어 분기(Quarter) Column과 지출내역(Spent) Column을 생성합니다.

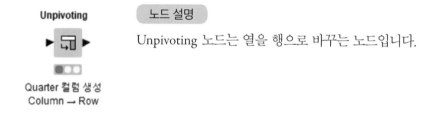

노드 설명

Unpivoting 노드는 열을 행으로 바꾸는 노드입니다.

노드 설정

① Value columns: 행으로 바꿀 Column을 선택합니다.
  ‒ Manual Selection: 사용할 Column을 직접 선택합니다. 해당 Column을 초록색 Include 박스로 이동합니다. ('Q1', 'Q2', 'Q3', 'Q4' Column 선택)
② Retained columns: 기존 Column을 그대로 유지할 Column을 선택합니다.
  ‒ Manual Selection: 사용할 Column을 직접 선택합니다. 사용하지 않을 Column을 빨간색 Exclude 박스로 이동합니다. ('Quarter', 'Q1', 'Q2', 'Q3', 'Q4' Column 선택)

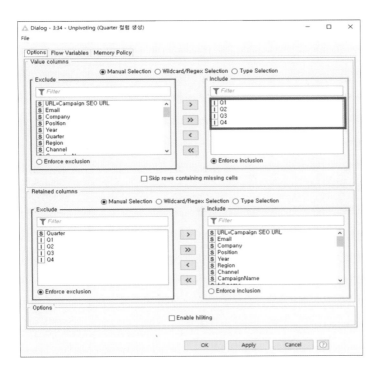

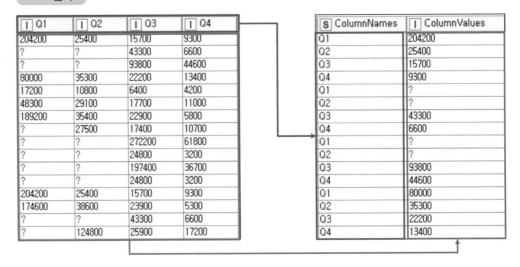

노드 결과

I Q1	I Q2	I Q3	I Q4		S ColumnNames	I ColumnValues
204200	25400	15700	9300		Q1	204200
?	?	43300	6600		Q2	25400
?	?	93800	44600		Q3	15700
80000	35300	22200	13400		Q4	9300
17200	10800	6400	4200		Q1	?
48300	29100	17700	11000		Q2	?
189200	35400	22900	5800		Q3	43300
?	27500	17400	10700		Q4	6600
?	?	272200	61800		Q1	?
?	?	24800	3200		Q2	?
?	?	197400	36700		Q3	93800
?	?	24800	3200		Q4	44600
204200	25400	15700	9300		Q1	80000
174600	38600	23900	5300		Q2	35300
?	?	43300	6600		Q3	22200
?	124800	25900	17200		Q4	13400

Column Rename 노드

Column Rename 노드를 사용하여, Column명을 정리합니다. (ColumnNames → Quarter, ColumnValues → Spent, URL = Campaign SEO URL → URL)

노드 설정

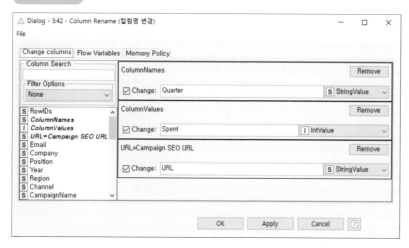

4.3 결측치 필터링하기

Rule-based Row Filter 노드

Rule-based Row Filter 노드를 사용하여, Spent Column의 결측치를 제외하도록 필터링합니다.

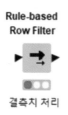

Rule-based Row Filter

결측치 처리

노드 설명

Rule-based Row Filter 노드는 조건을 만족하는 행을 찾아 데이터를 필터링하는 노드입니다.

노드 설정

① Column List: 조건을 지정할 Column을 선택할 수 있는 목록입니다. 더블 클릭 시, Expression 창에 선택한 Column이 입력됩니다.

② Function: 조건을 지정하는 데 사용하는 함수입니다. 더블 클릭 시, Expression 창에 선택한 함수가 입력됩니다.

③ Description: Function에서 선택한 함수에 대한 설명을 확인할 수 있습니다.

④ Expression: 데이터를 필터링하기 위한 조건을 입력합니다. ('MISSING $Spent$ =〉 TRUE' 입력)

  - 'MISSING $Spent$ =〉 TRUE': Spent Column의 값이 결측치인 경우, 그 값은 TRUE 로 정의합니다.

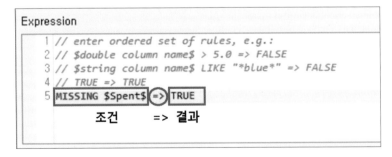

⑤ Include TRUE matches/Exclude TRUE matches: TRUE로 정의된 값을 포함/제외(False 값)하여 결과를 출력합니다.

4.4 Column 제거하기

Column Filter 노드

Column Filter 노드를 사용하여, 필요하지 않은 Column을 제거합니다.

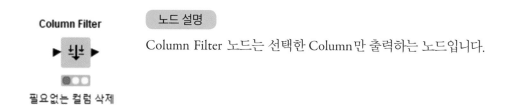

Column Filter

필요없는 컬럼 삭제

노드 설명

Column Filter 노드는 선택한 Column만 출력하는 노드입니다.

노드 설정

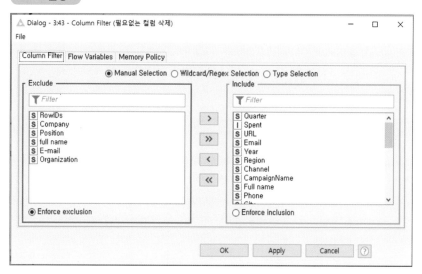

① Manual Selection: Column을 직접 선택합니다. 제기할 Column을 빨간색 Exclude 박스로 이동합니다. ('RowIDs, Company, Position, full name, E-mail, Organization' Column 선택)

  - Enforce exclusion: 입력데이터가 바뀌어도 설정한 Column은 고정됩니다.

5. 데이터 집계 및 파일 내보내기

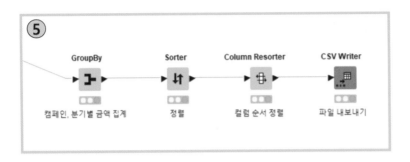

5.1 데이터 집계하기

GroupBy 노드

GroupBy 노드를 사용하여 캠페인, 분기 별로 지출 금액을 합계합니다.

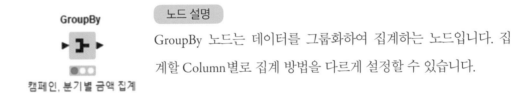

노드 설명

GroupBy 노드는 데이터를 그룹화하여 집계하는 노드입니다. 집계할 Column별로 집계 방법을 다르게 설정할 수 있습니다.

노드 설정

① Groups

- Group setting: 그룹화할 Column을 선택합니다. 초록색 Group column(s) 박스에 그룹으로 사용할 Column을 이동합니다. ('Quarter, CampaignName' Column 선택)

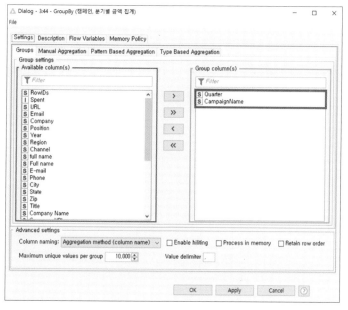

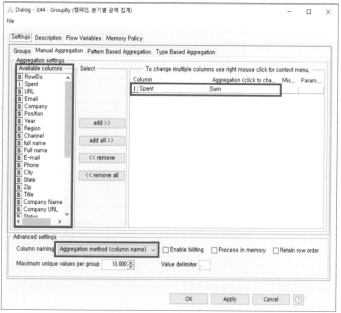

② Manual Aggregation: 집계할 Column 및 집계 방법을 직접 선택합니다.

- Available columns: 집계할 수 있는 Column 목록입니다. Column을 더블 클릭하거나
  add 〉〉/〈〈 remove 버튼을 통해 선택할 수 있습니다. ('Spent' Column 선택)

- Aggregation: 선택한 Column의 집계 방법을 선택할 수 있습니다. ('Sum' 선택)

③ Advanced settings

- Column naming: 생성될 Column명을 설정합니다. ('Aggregation method' 선택)

· Keep original name(s): 기존 Column명 유지

· Aggregation method(column name): 집계 방법(기존 Column명)

· Column name(aggregation method): 기존 Column명(집계 방법)

5.2 데이터 정렬하기

Sorter 노드를 사용하여 데이터를 정렬합니다.

Sorter 노드는 데이터를 오름차순 또는 내림차순으로 정렬합니다.

① Sort by: 정렬하려는 Column을 선택합니다. ('CampaignName' Column 선택)

- Ascending/Descending: Column을 오름차순/내림차순으로 정렬합니다. ('Ascending' 선택)

② Next by: 정렬 기준의 Column을 추가합니다. ('Quarter' Column 선택)

- Ascending/Descending: Column을 오름차순/내림차순으로 정렬합니다. ('Ascending' 선택)

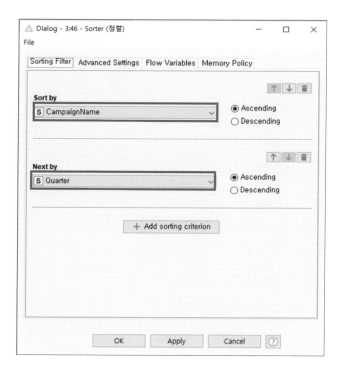

Row ID	S Quarter	S CampaignName	I Sum(Spent)
Row0	Q1	3in1	152065500
Row12	Q2	3in1	91133800
Row26	Q3	3in1	132378600
Row40	Q4	3in1	41061500
Row1	Q1	ContentIsKing	18209600
Row13	Q2	ContentIsKing	114918500
Row27	Q3	ContentIsKing	157480300
Row41	Q4	ContentIsKing	86583300
Row2	Q1	CostMatters	7286800
Row14	Q2	CostMatters	32265300
Row28	Q3	CostMatters	8950000
Row42	Q4	CostMatters	5242400

Table "default" – Rows: 54   Spec – Columns: 3   Properties   Flow Variables

5.3 Column 순서 재배열하기

Column Resorter 노드

Column Resorter 노드를 사용하여 Column의 순서를 정렬합니다. ('CampaignName,

Quarter, Sum(Spent)' Column 순으로 정렬)

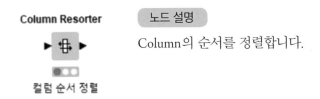

Column Resorter

컬럼 순서 정렬

노드 설명

Column의 순서를 정렬합니다.

노드 설정

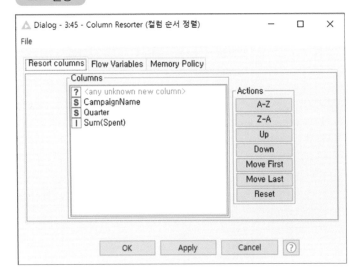

① Columns: 정렬된 Column 순서가 표시됩니다.

② Actions: Column을 원하는 순서대로 정렬합니다.

  - A-Z: 알파벳 순으로 Column을 정렬합니다.

  - Z–A: 알파벳 역순으로 Column을 정렬합니다.

  - Up: 선택한 Column의 순서를 한 단계 위로 조정합니다.

  - Down: 선택한 Column의 순서를 한 단계 아래로 조정합니다.

  - Move First: 선택한 Column의 순서를 최상단으로 조정합니다.

  - Move Last: 선택한 Column의 순서를 최하단으로 조정합니다.

  - Reset: 설정한 Column 순서를 초기화합니다.

Row ID	S CampaignName	S Quarter	I Sum(Spent)
Row0	3in1	Q1	152065500
Row12	3in1	Q2	91133800
Row26	3in1	Q3	132378600
Row40	3in1	Q4	41061500
Row1	ContentIsKing	Q1	18209600
Row13	ContentIsKing	Q2	114918500
Row27	ContentIsKing	Q3	157480300
Row41	ContentIsKing	Q4	36583300
Row2	CostMatters	Q1	7286800
Row14	CostMatters	Q2	32265300
Row28	CostMatters	Q3	8950000
Row42	CostMatters	Q4	5242400

Table "default" - Rows: 54 | Spec - Columns: 3 | Properties | Flow Variab

5.4 생성한 파일 내보내기

CSV Writer 노드

CSV Writer 노드를 사용하여 전처리가 끝난 데이터를 CSV 파일로 내보냅니다.

CSV Writer

파일 내보내기

노드 설명

CSV Writer 노드는 KNIME에서 생성한 결과 데이터를 CSV 파일로 내보냅니다.

노드 설정

① Output location

- Write to → Local File System: 파일을 내보내는 기본 경로를 지정합니다.

- File: 내보내려는 데이터의 경로를 지정합니다.

- Create missing folders: 지정된 경로에 폴더가 없는 경우, 새 폴더를 생성합니다.

- If exist: 동일한 파일이 존재하는 경우, 처리할 방법에 대해 설정합니다.

  · overwrite: 기존 파일에 덮어씁니다.

  · append: 기존 파일에 새로운 파일 내용을 추가합니다.

· fail: 작업을 중단합니다.

② Header

- Write column header: Column명을 함께 내보냅니다.

- Don't write column headers if file exists: 동일한 파일이 존재하는 경우, Column명을 내보내지 않습니다.

- Write row ID: Column의 행 ID를 함께 내보냅니다.

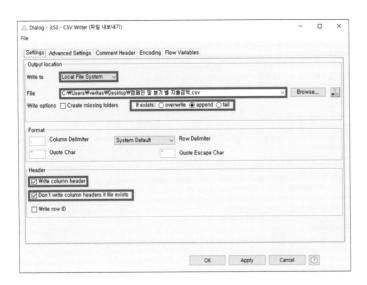

노드 결과

지정한 경로에 CSV 파일이 생성됩니다.

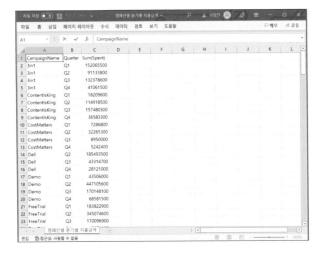

4강

KNIME

데이터
분석
실습

본 장에서는 타이타닉호(이하 타이타닉) 승객 정보 데이터를 이용하여 분석 실습을 진행합니다. 데이터 분석 입문 시에 많이 사용되는 실습 시나리오로 Kaggle(캐글, 데이터 분석 경쟁 플랫폼) 사이트에서 제공하는 데이터입니다. 이 데이터는 타이타닉에 탑승한 승객들의 정보로 이루어져 있으며, 승객들의 다양한 정보를 활용하여 생존자를 예측합니다. 승객 데이터를 활용하여 실습을 시작하기에 앞서 결측치(Missing value) 처리를 위해 데이터 전처리를 한차례 진행하였으며, 1차 가공된 다음의 데이터는 잘레시아(Zalesia) 네이버 공식 블로그에서 다운로드할 수 있습니다.*

분석 실습은 앞 장에서 노드 사용법 및 Workflow에 대한 학습이 어느 정도 이루어졌다는 전제하에 중복되는 노드들은 간략한 설명만 언급하면서 진행하도록 하겠습니다. 그럼 먼저 실습에 사용할 타이타닉 데이터 정보를 확인하도록 하겠습니다.

No.	Column	Korea_Column	Ex.	Data Type
1	Survived	생존 여부	0	String
2	Pclass	객실 등급	3	String
3	Sex	성별	male	String
4	Age	나이	22	Number
5	SibSp	가족 외 동승 인원	1	Number
6	Parch	가족 동승 인원	0	Number
7	Fare	탑승 요금	7.25	Number
8	Cabin	객실 번호	D	String

타이타닉 데이터는 891개의 Row(행), 8개의 Column(열)으로 구성되어있습니다. 891개의 행은 전체 탑승객의 정보이며, 8개의 Column은 한 승객에 대한 정보입니다. 데이터 정보를 간단히 익혔으니 다음으로 분석할 타이타닉 데이터 예시를 확인하도록 하겠습니다.

---

* https://blog.naver.com/zalesia2020 → 카테고리 → 잘레시아 솔루션 → 나임_KNIME

Survived	Pclass	Sex	Age	SibSp	Parch	Fare	Cabin
0	3	male	22	1	0	7.25	D
1	1	female	38	1	0	71.2833	C
1	3	female	26	0	0	7.925	D
1	1	female	35	1	0	53.1	C
0	3	male	35	0	0	8.05	D
0	3	male	32	0	0	8.4583	D
0	1	male	54	0	0	51.8625	E
0	3	male	2	3	1	21.075	D
1	3	female	27	0	2	11.1333	D
1	2	female	14	1	0	30.0708	C

위 데이터 예시를 확인해보면 승객 10명의 정보를 볼 수 있습니다. 실제 데이터는 앞서 말한 전체 승객 891명의 정보로 이뤄져있습니다. 8개의 Column은 한 승객에 대한 정보로 생존 여부를 예측하는 중요한 독립 변수입니다. 독립 변수는 사망자와 생존자를 구분하는 요인으로 작용합니다. 데이터에 나와있는 'Survived(생존 여부)'를 통해 승객의 생존 여부를 확인할 수는 있으나, 독립 변수를 활용한 데이터 분석을 통해 승객의 'Survived(생존 여부)'를 예측하는 것이 이번 실습의 목표입니다. 이제 KNIME을 통한 실습을 본격적으로 진행해보겠습니다. 아래 이미지는 이번 실습에서 진행할 Workflow입니다.

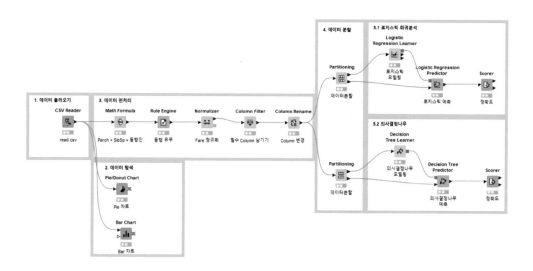

1. 데이터 불러오기

CSV Reader 노드

CSV Reader

read csv

로컬 PC에 저장된 데이터를 불러오기 위해 'CSV Reader' 노드를 가져옵니다.

노드 설정

'CSV Reader' 노드에 데이터 경로를 설정해주고 데이터를 불러옵니다.

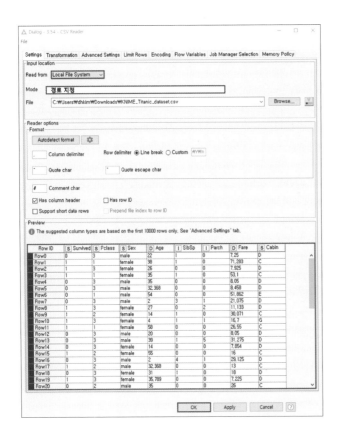

- Read from → Local File System: 파일을 가져오는 기본 경로를 지정
- File: 가져오려는 데이터의 경로 지정
- Format: 데이터의 구분자 등을 확인
- Preview: 불러온 데이터 미리보기

노드 결과

실행이 완료된 'CSV Reader' 노드가 확인되었습니다. 원하는 데이터를 잘 불러왔는지 보기 위해 'CSV Reader 노드 → 마우스 오른쪽 클릭 → File Table'을 클릭합니다. 'File Table – CSV Reader(read csv)' 창이 나타납니다. 이 팝업창에서는 데이터 행렬의 Count와 Date type을 확인할 수 있습니다.

Row ID	S Survived	S Pclass	S Sex	D Age	I SibSp	I Parch	D Fare	S Cabin
Row0	0	3	male	22	1	0	7,25	D
Row1	1	1	female	38	1	0	71,283	C
Row2	1	3	female	26	0	0	7,925	D
Row3	1	1	female	35	1	0	53,1	C
Row4	0	3	male	35	0	0	8,05	D
Row5	0	3	male	32,368	0	0	8,458	D
Row6	0	1	male	54	0	0	51,862	E
Row7	0	3	male	2	3	1	21,075	D
Row8	1	3	female	27	0	2	11,133	D
Row9	1	2	female	14	1	0	30,071	C
Row10	1	3	female	4	1	1	16,7	G
Row11	1	1	female	58	0	0	26,55	C
Row12	0	3	male	20	0	0	8,05	D
Row13	0	3	male	39	1	5	31,275	D
Row14	0	3	female	14	0	0	7,854	D
Row15	1	2	female	55	0	0	16	C
Row16	0	3	male	2	4	1	29,125	D
Row17	1	2	male	32,368	0	0	13	C
Row18	0	3	female	31	1	0	18	D
Row19	1	3	female	35,789	0	0	7,225	D
Row20	0	2	male	35	0	0	26	C
Row21	1	2	male	34	0	0	13	D
Row22	1	3	female	15	0	0	8,029	D
Row23	1	1	male	28	0	0	35,5	A
Row24	0	3	female	8	3	1	21,075	D
Row25	1	3	female	38	1	5	31,387	D
Row26	0	3	male	32,368	0	0	7,225	D
Row27	0	1	male	19	3	2	263	C
Row28	1	3	female	21,804	0	0	7,879	D
Row29	0	3	male	32,368	0	0	7,896	D
Row30	0	1	male	40	0	0	27,721	S
Row31	1	1	female	35,789	1	0	146,521	B
Row32	1	3	female	21,804	0	0	7,75	D
Row33	0	2	male	66	0	0	10,5	C
Row34	0	1	male	28	1	0	82,171	S
Row35	0		male	42	1	0	52	C

Table "default"에서는 행의 개수와 테이블을 확인할 수 있는데 'Table "default" - Rows: 891'은 테이블의 행이 891개 출력되었다는 것을 의미합니다.

| △ File Table - 3:54 - CSV Reader | | | | | | | | | | — □ × |

File										
Table "default" - Rows: 891	Spec - Columns: 8		Properties	Flow Variables						

Colu...	Column T...	Column I...	Color Han...	Size Han...	Shape Ha...	Filter Han...	Lower Bo...	Upper Bo...	Value 0
Survived	String	0					?	?	0
Pclass	String	1					?	?	3
Sex	String	2					?	?	male
Age	Number (...	3					0,42	80	?
SibSp	Number (i...	4					0	8	?
Parch	Number (i...	5					0	6	?
Fare	Number (...	6					4,013	512,329	?
Cabin	String	7					?	?	D

해당 팝업창의 'Spec - Columns: 8'을 통해 Column에 해당되는 행의 개수와 Column Type을 확인할 수 있습니다.

2. 데이터 탐색

전처리 및 분석 작업에 앞서 데이터를 자세히 살펴보고, 무엇을 의미하는지 파악하는 것은 나중에 있을 분석 작업에 큰 도움이 됩니다. 시각화에 들어가기 전에 Statistics 노드를 사용해 데이터를 간단히 살펴보도록 하겠습니다.

다음 이미지를 살펴보면 'Pclass(객실 등급)'는 3등급, 1등급, 2등급 순으로 분포되어있으며, 승객 'Sex(성별)' 중에는 여성보다 남성이 타이타닉에 더 많이 탑승한 것을 확인할 수 있습니다. 'Sibsp(가족 외 동승 인원)', 'Parch(가족 동승 인원)'를 통해 동승 인원 없이 혼자 탑승한 승객이 많다는 사실도 확인할 수 있습니다. 이처럼 'Statistics'를 통해 변수의 Value count 분포에 대한 정보를 간략하게 살펴볼 수 있습니다.

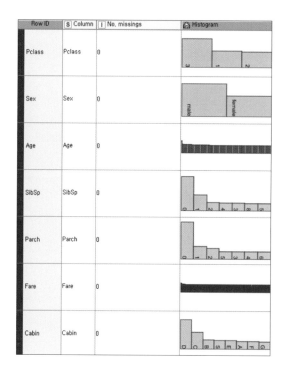

데이터 탐색은 탑승객들의 'Survived(생존 여부)'를 확인하기 위한 목적으로 실행되었습니다. 간단한 데이터 탐색을 마쳤으니 시각화 작업을 진행하도록 하겠습니다.

먼저 Pie chart(파이 차트)와 Bar chart(바 차트)를 활용하여 시각화하도록 하겠습니다. 진행할 Workflow는 다음과 같습니다.

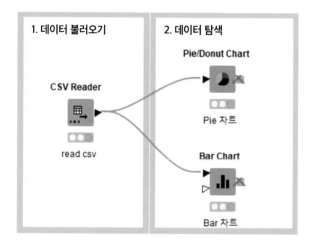

Pie Chart 노드

Pie chart를 사용하여 타이타닉 탑승객들의 생존 비율을 확인하겠습니다.

Pie/Donut Chart

Pie 차트

노드 설명

'Pie/Donut Chart' 노드는 전체 데이터(100%)에서 각 데이터가 차지하는 비율을 부채꼴 모양으로 나타낸 그래프입니다. 하나의 원모양에서 데이터의 Count와 Percent(퍼센트)를 영역별로 살펴볼 수 있습니다. 'Pie/Donut Chart' 노드를 가져와 앞에서 진행하였던 'CSV Reader' 노드와 연결합니다.

노드 설정

'Pie chart'를 출력하기 위해 설정을 진행합니다.

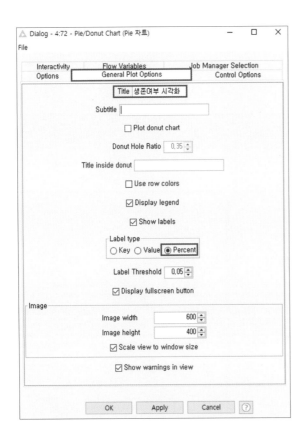

'General Plot Options'에서 Pie chart의 Title명을 작성합니다. 이번 실습에서는 '생존 여부 시각화'로 작성하였습니다.

- Title: 차트의 대제목

- Subtitle: 차트의 소제목

- Label type: 차트에 들어갈 데이터의 타입(실습에서는 Percent(퍼센트)로 지정)

- Image: 차트의 크기를 지정

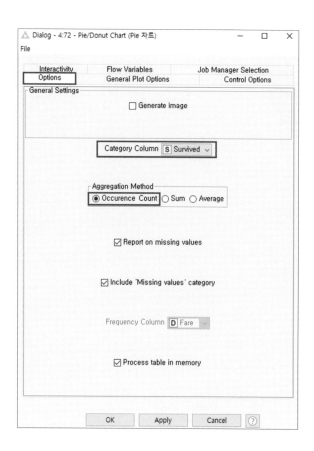

'Options'에서 시각화할 변수와 수식을 선택합니다.

- Category Column: 사용하고자 하는 변수

- Aggregation Method: 변수의 수식

'실행이 완료된 노드의 마우스 오른쪽 클릭 – Pie chart image'를 클릭하여 Pie chart를 확인하도록 하겠습니다.

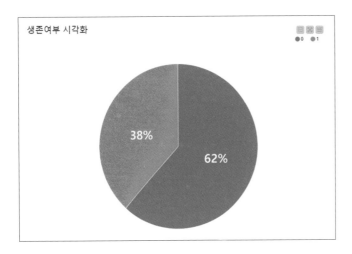

Pie Chart 노드를 사용한 Pie Chart가 생성되었습니다. 탑승객 전 인원(891명, 100%) 중 38%가 생존한 사실을 확인하였습니다.

Bar Chart

Bar Chart 노드를 사용하여 성별에 따른 생존자 수를 파악하도록 하겠습니다.

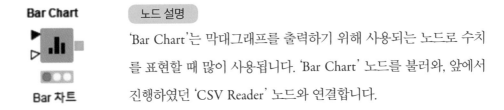

노드 설명

'Bar Chart'는 막대그래프를 출력하기 위해 사용되는 노드로 수치를 표현할 때 많이 사용됩니다. 'Bar Chart' 노드를 불러와, 앞에서 진행하였던 'CSV Reader' 노드와 연결합니다.

노드 설정

데이터 전처리를 통해 891명의 탑승객 중 남성 577명, 여성 314명인 것을 확인했으며, 이제 성별에 따라 데이터를 분리하여 생존자 수를 확인하도록 하겠습니다.

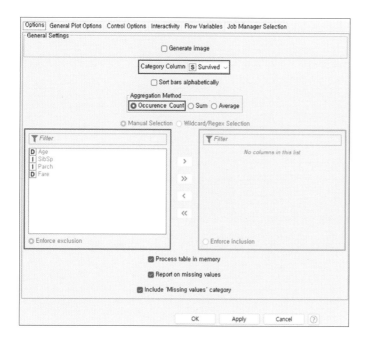

- Category Column: X축에 입력될 변수

- Aggregation Method: Y값에 적용할 수식(Occurrence Count의 경우 선택한 카테고리 열의 고윳값의 개수를 산출)

- Manual Selection: Y축에 입력될 변수

노드 결과

남성 생존자 수를 확인하겠습니다. 577명의 남성 중 468명이 사망, 109명이 생존하였으므로 남성의 생존율은 18.89%입니다.

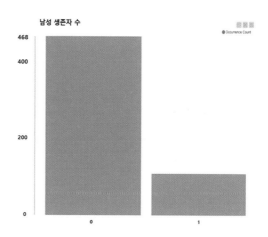

여성 생존자 수를 확인하겠습니다.

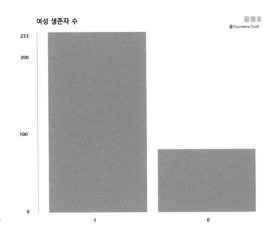

314명 중 81명이 사망하고 233명이 생존하였으므로 여성의 생존율은 74.20%입니다. 여성의 생존율이 압도적으로 높다는 사실을 확인할 수 있습니다. 여기서 남성보다 여성의 생존율이 3배 이상 높다는 점을 리포트하는 것은 단순히 현상을 정리하는 것입니다. 분석가의 시선으로 나아가기 위해선 배의 침몰 당시 여성이 남성보다 탈출이나 구명보트 지원의 우선순위에 있었다는 가정을 할 수 있으며, 이를 바탕으로 어린아이 또는 어릴수록 생존율이 높을 거라는 가설을 세워 다양한 인과관계를 증명할 수 있는 독립변수들을 생성 및 분석하는 과정이 꼭 필요합니다. 이는 목적에 맞는 분석모형을 선별하는 것뿐만 아니라, 분석 모형의 정확도를 높일 수 있습니다.

3. 데이터 전처리

데이터 전처리(Data Preprocessing)란 데이터의 결측치 및 이상치를 확인하거나 제거하는 등 일관성 있는 데이터의 형태로 전환하는 모든 과정을 일컫습니다.

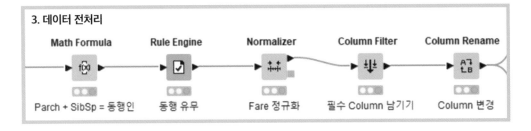

위 Workflow에서 데이터를 전처리하는 과정은 다음과 같습니다. 우선 'Math Formula'를

활용하여 동행인을 취합하고, 'Rule Engine'을 통하여 숫자형 데이터를 0과 1로 Dummy(범주형 데이터 또는 가변수) 처리합니다. 그리고 'Normalizer'를 통해 'Fare(탑승 요금)'를 정규화합니다. 정규화를 하는 이유는 뒷장에서 자세히 다룰 예정입니다. 마지막으로 'Column Filter' 노드와 'Column Rename' 노드를 사용해 필요한 Column을 선별하고 이름을 변경합니다. 전처리 과정이 끝나면 데이터를 학습하여 'Survived(생존 여부)' 예측을 진행합니다.

Math Formula 노드

'SibSp(가족 외 동승 인원)'와 'Parch(가족 동승 인원)'를 합쳐 총 동승 인원에 대한 Column을 생성하도록 하겠습니다.

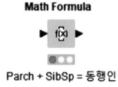

Math Formula

Parch + SibSp = 동행인

(노드 설명)

'Math Formula'는 행의 값을 기반으로 수학적인 계산을 하기 위한 노드입니다. 계산된 결과는 새로운 Column으로 추가(New Column)되거나 입력한 Column을 대체하는 데 사용합니다. 다양한 수학적 표현과 계산이 가능합니다.

(노드 설정)

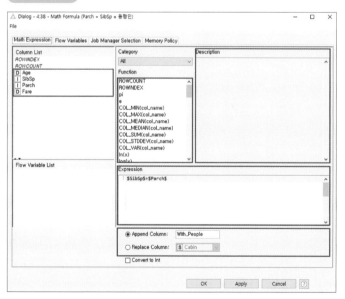

실습에서는 '$SibSp$+$Parch$'를 입력하여, Append Column을 선택하고 변수명을 'With_People'로 지정했습니다.

- Column List: 변수에 사용 가능한 Column 목록으로 더블 클릭하여 사용

- Function: KNIME(나임)에서 제공하는 수식

- Description: Function에서 수식을 선택하면 수식에 대한 설명을 확인

- Expression: 조건에 맞는 타이핑을 진행('Function' 선택 → 'Column List' 선택 또는 조건에 맞는 타이핑 진행)

- Append Column: 수식을 통해 산출된 값이 적용된 새로운 Column 생성

- Replace Column: 수식을 통해 산출된 값을 기존 Column에 적용

노드 결과

출력된 데이터를 확인해보도록 하겠습니다.

Row ID	S Survived	S Pclass	S Sex	D Age	I SibSp	I Parch	D Fare	S Cabin	D With_People
Row0	0	3	male	22	1	0	7.25	D	1
Row1	1	1	female	38	1	0	71.283	C	1
Row2	1	3	female	26	0	0	7.925	D	0
Row3	1	1	female	35	1	0	53.1	C	1
Row4	0	3	male	35	0	0	8.05	D	0
Row5	0	3	male	32	0	0	8.458	D	0
Row6	0	1	male	54	0	0	51.862	E	0
Row7	0	3	male	2	3	1	21.075	D	4
Row8	1	3	female	27	0	2	11.133	D	2
Row9	1	2	female	14	1	0	30.071	C	1
Row10	1	3	female	4	1	1	16.7	G	2
Row11	1	1	female	58	0	0	26.55	C	0
Row12	0	3	male	20	0	0	8.05	D	0
Row13	0	3	male	39	1	5	31.275	D	6
Row14	0	3	female	14	0	0	7.854	D	0
Row15	1	2	female	55	0	0	16	C	0
Row16	0	3	male	2	4	1	29.125	D	5
Row17	1	2	male	32	0	0	13	C	0
Row18	0	3	female	31	1	0	18	D	1
Row19	1	3	female	36	0	0	7.225	D	0
Row20	0	2	male	35	0	0	26	C	0
Row21	1	2	male	34	0	0	13	D	0
Row22	1	3	female	15	0	0	8.029	D	0
Row23	1	1	male	28	0	0	35.5	A	0
Row24	0	3	female	8	3	1	21.075	D	4
Row25	1	3	female	38	1	5	31.387	D	6
Row26	0	3	male	32	0	0	7.225	D	0
Row27	0	1	male	19	3	2	263	C	5
Row28	1	3	female	22	0	0	7.879	D	0

Math Formula 노드를 사용하여 'SibSp(가족 외 동승 인원)'와 'Parch(가족 동승 인원)'의 합계인 새로운 Column 'With_People'이 생성되었습니다.

Rule Engine 노드

'Math Formula' 노드로 생성한 Column인 'With_People'을 범주형 데이터로 변환하도록 하겠습니다. 'With_People'에는 0부터 최대 10까지 연속형 데이터가 확인되었습니다. 따라서 0이면 혼자 탑승, 1 이상이면 동승자 있음으로 간단하게 범주화가 가능합니다.

Rule Engine

동행 유무

노드 설명

'Rule Engine'은 규칙을 사용하여 새로운 Column을 생성하거나, 기존 Column의 값을 변경해줍니다. TRUE, FALSE 기반의 다양한 논리식을 적용합니다.

노드 설정

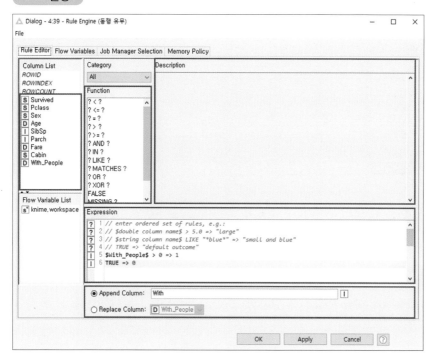

실습에선 '$With_People$ > 0 => 1' 조건문을 통해 $With_People$가 0보다 크면 1을 출력하도록 하고, 'TRUE => 0'으로 그 외 조건에서는 0을 출력하도록 설정하였습니다. 또한 Append Column을 통해 변수명을 'With'로 지정했습니다.

- Column List: 변수에 사용 가능한 Column 목록으로 더블 클릭하여 사용

- Function: KNIME(나임)에서 제공하는 수식

- Description: Function에서 수식을 선택하면 수식에 대한 설명을 확인

- Expression: 조건에 맞는 타이핑을 진행

- Append Column: 수식을 통해 산출된 값이 적용된 새로운 변수 생성

- Replace Column: 수식을 통해 산출된 값이 적용된 기존 변수에 적용

노드 결과

출력된 데이터를 확인해보도록 하겠습니다.

⚠ Classified values - 4:39 - Rule Engine (동행 유무)

File

Table "default" - Rows: 891 | Spec - Columns: 10 | Properties | Flow Variables

Columns...	Column Type	Column I...	Color Han...	Size Han...	Shape Ha...	Filter Han...	Lower Bo...	Upper Bo...
Survived	String	0					?	?
Pclass	String	1					?	?
Sex	String	2					?	?
Age	Number (double)	3					0.42	80
SibSp	Number (integer)	4					0	8
Parch	Number (integer)	5					0	6
Fare	Number (double)	6					4.013	512.329
Cabin	String	7					?	?
With_People	Number (double)	8					0	10
With	Number (integer)	9					0	1

'With' Column이 생성되었으며, 최솟값 0, 최댓값 1로 범주형 데이터가 확인되었습니다.

Normalizer 노드

'Normalizer'는 데이터를 정규화하는 데 필요한 노드입니다. 머신러닝 알고리즘을 훈련시키는 데 있어서 사용되는 특성(Feature)들이 모두 비슷한 영향력을 가지도록 값을 변환해주는 기술입니다. 이 작업을 하는 이유는 데이터가 가진 Feature마다 스케일 차이가 큰 경우, 스케일이 큰 Feature 하나에 분석 결과가 좌지우지되는 문제가 발생하기 때문입니다. 따라서 모든 Feature가 비슷한 정도의 스케일을 가지도록 완화하는 것이 바로 정규화 작업입니다. 정규화는 크게 두 가지로 나뉩니다. 첫 번째, Min-Max Normalization(최소-최

대 정규화)와 두 번째, Z-Score Normalization(Z-점수 정규화)입니다. 본 실습에서는 Z-Score Normalization(Z-점수 정규화)을 진행하도록 하겠습니다.

Normalizer

Fare 정규화

노드 설명

'Normalizer' 노드는 모든(숫자) Column의 값을 정규화합니다. 대화 상자에서 작업할 Column을 선택할 수 있으며, 옵션에 따른 정규화를 선택할 수 있습니다.

노드 설정

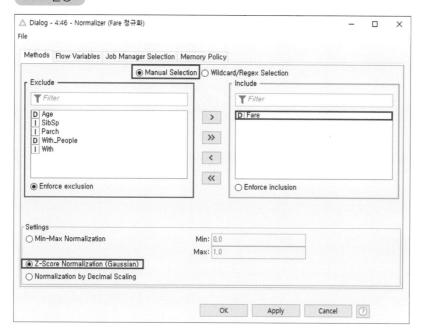

- Manual Selection: 사용할 Column 직접 선택

- Exclude: 정규화하지 않을 Column

- Include: 정규화할 Column

- Min-Max Normalization: 최소-최대 정규화(최솟값과 최댓값 설정)

- Z-Score Normalization: Z-점수 정규화(데이터의 평균을 0으로, 분산은 1의 분포)

- Normalization by Decimal Scaling: 최댓값보다 한 자릿수 높은 10의 배수

노드 결과

정규화를 진행한 'Fare' Column의 변화를 확인합니다.

ID	Survived	Pclass	Sex	Age	SibSp	Parch	Fare	Cabin	With_People	With
Row0	0	3	male	22.0	1	0	7.25	D	1.0	1
Row1	1	1	female	38.0	1	0	71.2833	C	1.0	1
Row2	1	3	female	26.0	0	0	7.925	D	0.0	0
Row3	1	1	female	35.0	1	0	53.1	C	1.0	1
Row4	0	3	male	35.0	0	0	8.05	D	0.0	0
Row5	0	3	male	32.36809...	0	0	8.4583	D	0.0	0

ID	Survived	Pclass	Sex	Age	SibSp	Parch	Fare	Cabin	With_People	With
Row0	0	3	male	22.0	1	0	-0.5143594085332837	D	1.0	1
Row1	1	1	female	38.0	1	0	0.7762700256227565	C	1.0	1
Row2	1	3	female	26.0	0	0	-0.500754380086283	D	0.0	0
Row3	1	1	female	35.0	1	0	0.40977474597779795	C	1.0	1
Row4	0	3	male	35.0	0	0	-0.49823493037387545	D	0.0	0
Row5	0	3	male	32.368090452261306	0	0	-0.4900053998332675	D	0.0	0

상위 5개의 행을 추출하였습니다. Fare는 최솟값이 7.25, 최댓값은 71.2833이었지만, 정규화 작업을 통해 최솟값 -0.51, 최댓값 0.77로 스케일이 작아진 것을 확인할 수 있습니다.

Column Filter 노드

앞에서 'With' Column으로 동승자 여부를 범주화해주었으니, 'SibSp(가족 외 동승 인원)'와 'Parch(가족 동승 인원)', 'With_People(동승 인원 합계)'을 데이터에서 제외하도록 하겠습니다.

Column Filter

▶ 🎚️ ▶

●□□

필수 Column 남기기

노드 설명

'Column Filter' 노드는 여러 개의 Column 중 필요한 Column만 남기거나, 필요 없는 Column을 제외할 수 있습니다.

노드 설정에서 필요한 Column만 남기도록 하겠습니다.

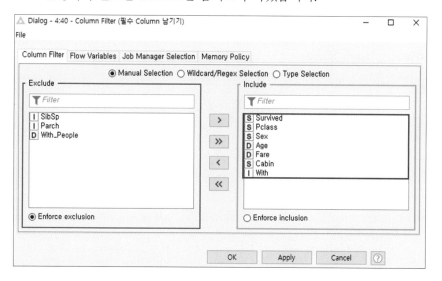

- Exclude: 제외한 Column

- Include: 사용할 Column

ID	Survived	Pclass	Sex	Age	SibSp	Parch	Fare	Cabin	With_People	With
Row0	0	3	male	22.0	1	0	-0.5143594085332837	D	1.0	1
Row1	1	1	female	38.0	1	0	0.7762700256227565	C	1.0	1
Row2	1	3	female	26.0	0	0	-0.500754380086283	D	0.0	0
Row3	1	1	female	35.0	1	0	0.40977474597779795	C	1.0	1
Row4	0	3	male	35.0	0	0	-0.49823493037387545	D	0.0	0
Row5	0	3	male	32.0	0	0	-0.4900053998332675	D	0.0	0

ID	Survived	Pclass	Sex	Age	Fare	Cabin	With
Row0	0	3	male	22.0	-0.5143594085332837	D	1
Row1	1	1	female	38.0	0.7762700256227565	C	1
Row2	1	3	female	26.0	-0.500754380086283	D	0
Row3	1	1	female	35.0	0.40977474597779795	C	1
Row4	0	3	male	35.0	-0.49823493037387545	D	0
Row5	0	3	male	32.0	-0.4900053998332675	D	0

Column Rename 노드

영어 Column명을 한글 Column명으로 바꾸도록 하겠습니다.

Column Rename

Column 변경

노드 설명

'Column Rename'은 Column의 이름, Data type을 변경하는 노드입니다. 분석의 편의를 위해 Column명으로 자유롭게 변경할 수 있습니다. 또한 사용 용도에 따라 Data type도 바꾸는 것이 가능합니다.

노드 설정

변경할 Column을 선택하여 Column명을 변경합니다. 왼쪽 상단의 Column을 '더블 클릭' 하여 Column명을 변경할 수 있습니다.

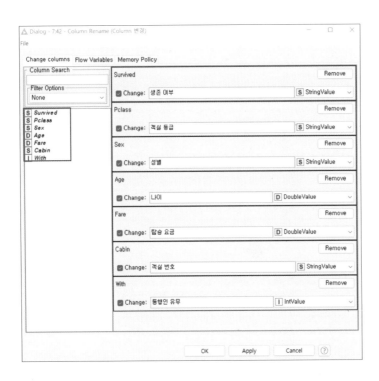

- Change: 체크 시, Column명을 변경. 체크하지 않을 경우 Data type만 변경 가능

실행된 노드 결과를 확인하도록 하겠습니다.

Row ID	S 생존 여부	S 객실 등급	S 성별	D 나이	D 탑승 요금	S 객실 번호	I 동행인 유무
Row0	0	3	male	22	-0.514	D	1
Row1	1	1	female	38	0.776	C	1
Row2	1	3	female	26	-0.501	D	0
Row3	1	1	female	35	0.41	C	1
Row4	0	3	male	35	-0.498	D	0
Row5	0	3	male	32.368	-0.49	D	0
Row6	0	1	male	54	0.385	E	0
Row7	0	3	male	2	-0.236	D	1
Row8	1	3	female	27	-0.436	D	1
Row9	1	2	female	14	-0.054	C	1
Row10	1	3	female	4	-0.324	G	1
Row11	1	1	female	58	-0.125	C	0
Row12	0	3	male	20	-0.498	D	0
Row13	0	3	male	39	-0.03	D	1
Row14	0	3	female	14	-0.502	D	0

영어 Column명이 모두 한글 Column명으로 변경되었습니다.

4. 데이터 분할

승객들의 생존율을 예측하는 머신러닝 알고리즘을 적용하기에 앞서, 전처리된 데이터는 모형 학습에 사용되는 Training data와 학습된 모형의 성능을 평가하는 Test data로 분할되어야 합니다. 다음의 그림은 '3. 데이터 전처리' 과정에서 완성된 데이터를 기준으로 데이터를 분할하고, 분석을 진행하게 될 Workflow입니다.

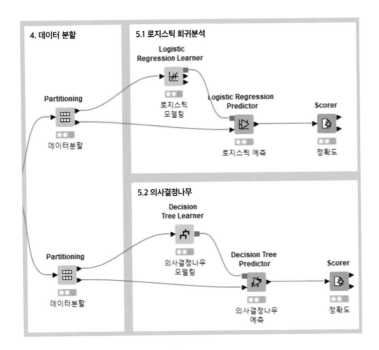

데이터 분할이 필요한 이유는 일정 비율에 맞춰 무작위로 데이터가 나누어진 후 분석이 적용되면 과적합되는 경우가 발생하는데, 이러한 경우 Training data를 Validation data로 분할하여 교차검증을 진행하면 학습된 모형의 최적 Parameter를 찾을 수 있으며, 과적합도 피할 수 있기 때문입니다. 또한 데이터 분할 노드인 Partitioning은 데이터를 Training data, Test data로 분할하기 때문에 학습과 분석에 필수요소로 볼 수 있습니다. 본 기본서는 기초 분석 과정을 다루는 데 중점을 두었으므로 Validation data를 활용한 교차검증은 제외하고 분석 실습을 진행하겠습니다.

Partitioning 노드

Partitioning

데이터분할

노드 설명

하나의 입력 테이블이 두 개의 테이블로 분할됩니다. 두 개의 출력 포트가 생성되어 위 포트는 Training data로 아래 포트는 Test data로 분할할 수 있습니다.

노드 설정

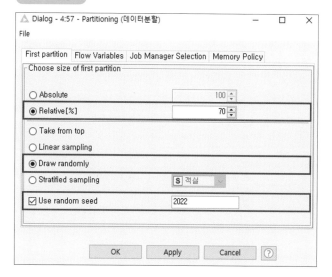

- Relative[%]: 첫 번째 파티션에 있는 입력 테이블의 백분율 행 수

- Draw randomly: 모든 행의 무작위 샘플링

- Use random seed: 재실행 시 같은 결과를 얻기 위해 고정 시드(Seed) 번호 입력

노드 결과

실행이 완료된 Partitioning 노드의 결과를 확인하겠습니다.

First partition (as defined in dialog) - 7:57 - Partitioning (데이터분할)

File Edit Hilite Navigation View

Table "default" - Rows: 623 | Spec - Columns: 7 Properties Flow Variables

Row ID	S 생존 여부	S 객실 등급	S 성별	D 나이	D 탑승 요금	S 객실 번호	I 동행인 유무
Row0	0	3	male	22	-0.514	D	1
Row1	1	1	female	38	0.776	C	1
Row4	0	3	male	35	-0.498	D	0
Row5	0	3	male	32.368	-0.49	D	0
Row9	1	2	female	14	-0.054	C	1
Row10	1	3	female	4	-0.324	G	1
Row11	1	1	female	58	-0.125	C	0
Row13	0	3	male	39	-0.03	D	1
Row15	1	2	female	55	-0.338	C	0
Row16	0	3	male	2	-0.073	D	1
Row18	0	3	female	31	-0.298	D	1
Row19	1	3	female	35.789	-0.515	D	0
Row20	0	2	male	35	-0.136	C	0
Row21	1	2	male	34	-0.398	D	0
Row22	1	3	female	15	-0.499	D	0
Row23	1	1	male	28	0.055	A	0
Row24	0	3	female	8	-0.236	D	1
Row25	1	3	female	38	-0.028	D	1
Row26	0	3	male	32.368	-0.515	D	0
Row27	0	1	male	19	4.64	C	1
Row28	1	3	female	21.804	-0.502	D	0
Row30	0	1	male	40	-0.102	S	0

두 개의 출력 포트가 존재하며, 노드에 마우스 오른쪽 클릭을 통해 앞의 포트에서 70%의 데이터가 할당된 First partition, 아래 포트에서 30%의 데이터가 할당된 Second partition 을 확인할 수 있습니다. 앞의 그림을 통해 전체 데이터 891행 중 70%인 623행이 First partition으로 할당되어 Training data set을 구성하고 있는 것을 확인할 수 있습니다.

Row ID	S 생존 여부	S 객실 등급	S 성별	D 나이	D 탑승 요금	S 객실 번호	I 동행인 유무
Row2	1	3	female	26	-0.501	D	0
Row3	1	1	female	35	0.41	C	1
Row6	0	1	male	54	0.385	E	0
Row7	0	3	male	2	-0.236	D	1
Row8	1	3	female	27	-0.436	D	1
Row12	0	3	male	20	-0.498	D	0
Row14	0	3	female	14	-0.502	D	0
Row17	1	2	male	32.368	-0.398	C	0
Row29	0	3	male	32.368	-0.501	D	0
Row37	0	3	male	21	-0.498	D	0
Row38	0	3	female	18	-0.298	D	1
Row43	1	2	female	3	0.178	C	1
Row45	0	3	male	32.368	-0.498	D	0
Row49	0	3	female	18	-0.302	D	1
Row61	1	1	female	38	0.952	B	0
Row63	0	3	male	4	-0.098	D	1
Row68	1	3	female	17	-0.501	D	1
Row72	0	2	male	21	0.821	C	0
Row76	0	3	male	32.368	-0.501	D	0
Row77	0	3	male	32.368	-0.498	D	0
Row81	1	3	male	29	-0.469	D	0
Row82	1	3	female	21.804	-0.504	D	0
Row87	0	3	male	32.368	-0.498	D	0
Row88	1	1	female	23	4.64	C	1

전체 데이터 891행의 데이터에서 30%에 해당하는 268행이 Test data set으로 할당된 것을 확인할 수 있습니다.

5. 데이터 분석

KNIME Analytics Platform에서 제공하는 머신러닝 알고리즘 중 대표적으로 사용되는 로지스틱 회귀분석과 의사결정나무를 실습하겠습니다. 두 분석 방법을 채택한 이유는 다양한 기법 중에서 실무자가 아닌 비전문가들이 가장 쉽게 이해하고 적용하는 데 사용되는 모형이 로지스틱 회귀분석과 의사결정나무이기 때문입니다. 직관적인 결과 해석뿐만 아니라 간단한 알고리즘으로 구성되어있기 때문에 구성원 누구나 손쉽게 사용할 수 있는 분석 알고리즘입니다.

첫 번째로 진행할 로지스틱 회귀분석의 과정은 다음과 같습니다.

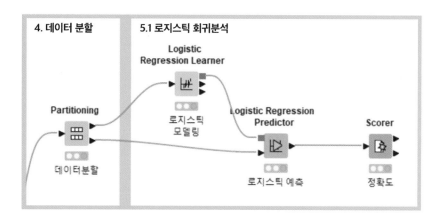

분류기법 중 설명 변수의 선형 결합을 이용하여 반응 변수와의 관계를 파악하고, 반응 변수인 생존 여부의 가능성을 예측하는 데 사용되는 로지스틱 회귀분석을 노드를 통해 구현합니다.

5.1 로지스틱 회귀분석

Logistic Regression Learner 노드

노드 설명

Training data를 연결하여 해당 데이터를 학습시킬 수 있습니다. 기존의 분석 프로그램과 달리 코딩 없이 노드 히나로 데이터를 손쉽게 불러오고 학습을 실행시킬 수 있습니다.

Target column에는 반응 변수인 생존 여부를, Reference category에는 비 참조 범주로 생존 여부의 생존(=1)을 설정합니다. 사용 설명 변수는 생존 여부를 제외한 모든 변수이므로 Include 탭에 아래 그림과 같이 설정합니다.

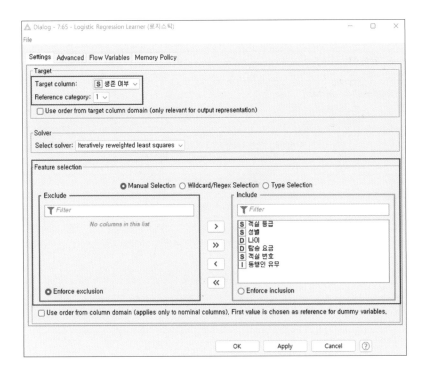

- Target column: 반응 변수(범주형 데이터)를 선택
- Reference category: 참조 범주 선택으로, 이항 분류일 경우 비 관심 범주를 선택
- Feature selection: Include는 분석에 사용할 설명 변수 선택, Exclude는 분석에 사용하지 않을 설명 변수 선택

노드 결과

노드 오른쪽 클릭 후, Coefficients and Statistics를 클릭하면 Training data를 기반으로 학습시킨 로지스틱 회귀모형의 결과를 확인할 수 있습니다.

File Edit Hilite Navigation View

Table "Coefficients and Statistics" - Rows: 14   Spec - Columns: 6   Properties   Flow Variables

Row ID	S Logit	S Variable	D Coeff.	D Std. Err.	D z-score	D P>|z|
Row1	0	객실 등급=2	1.013	0.464	2.181	0.029
Row2	0	객실 등급=3	2.637	0.598	4.41	0
Row3	0	성별=male	2.67	0.237	11.256	0
Row4	0	나이	0.041	0.009	4.414	0
Row5	0	탑승 요금	-0.004	0.144	-0.029	0.977
Row6	0	객실 번호=B	0.509	0.943	0.54	0.589
Row7	0	객실 번호=C	1.356	0.871	1.556	0.12
Row8	0	객실 번호=D	0.742	0.947	0.783	0.434
Row9	0	객실 번호=E	-0.161	0.982	-0.164	0.87
Row10	0	객실 번호=F	0.176	1.207	0.146	0.884
Row11	0	객실 번호=G	1.691	1.424	1.188	0.235
Row12	0	객실 번호=S	1.699	0.908	1.871	0.061
Row13	0	동행인 유무	0.108	0.239	0.451	0.652
Row14	0	Constant	-5.042	0.942	-5.353	0

P_value와 Coefficient는 분석 결과 해석에 있어 중요한 지표입니다. 객실 등급과 성별, 나이, 객실 번호(=S)는 P_value 값이 유의수준 0.05 이하이거나 근접하여 유의미한 변수라는 것을 확인할 수 있습니다. 이는 생존 여부에 영향을 끼치는 변수로 판단할 수 있습니다. 객실 등급과 성별, 객실 번호와 같은 범주형 데이터는 분석을 진행하기 전에 One-Hot Encoding 형식으로의 데이터 변환이 필요합니다. KNIME에서는 One to many 노드를 통해 변환이 가능하지만, Logistic Regression Learner 노드가 자체적으로 데이터 변환을 하기 때문에 해당 과정을 따로 진행하지 않아도 됩니다.

로지스틱 회귀분석은 나머지 변수가 모두 고정된 상태에서 하나의 변수가 증가할 때 반응변수의 변화 비율이 지수적으로 증가하게 됩니다. 따라서 나이가 단위 1 증가하게 되면 생존하지 못할 확률은 exp(0.041)인 1.041배 증가하는 것으로 계산되며, 나이의 단위가 증가할수록 생존하지 못할 확률이 증가한다는 결론을 낼 수 있습니다. 노드 설정에서 Reference Category를 1로 설정하였기 때문에 사망 확률이 계산되는 것으로, 생존 확률을 계산하기 위해서는 Reference Category를 0으로 변경합니다.

Logistic Regression Predictor 노드

Logistic Regression Predictor

로지스틱 예측

노드 설명

학습된 로지스틱 회귀모형으로 Test data의 반응 변수인 생존 여부를 예측합니다. 연결 포트로 파란색 포트에는 학습된 모형을, 검은색 포트에는 Test data를 연결합니다.

노드 설정

아래 체크박스를 활성화하면, 새롭게 예측된 결과 Column의 변수명을 지정할 수 있으며, 각 데이터 행의 특정 범주에 속할 확률도 확인할 수 있습니다.

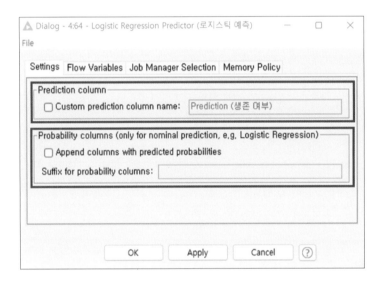

- Prediction column: 예측값에 해당하는 Column명 변경
- Probability columns: 입력 데이터 행이 특정 범주에 속할 확률

노드 결과

노드에 마우스 오른쪽 클릭 후, Predicted data를 통해 예측한 데이터를 확인할 수 있습니다.

Row ID	S 생존 ...	S 객실 ...	S 성별	D 나이	D 탑승 ...	S 객실 ...	I 동행인...	S Prediction (생존 여부)
Row2	1	3	female	26	-0,501	D	0	1
Row3	1	1	female	35	0,41	C	1	1
Row6	0	1	male	54	0,385	E	0	1
Row7	0	3	male	2	-0,236	D	1	0
Row8	1	3	female	27	-0,436	D	1	1
Row12	0	3	male	20	-0,498	D	0	0
Row14	0	3	female	14	-0,502	D	0	1
Row17	1	2	male	32,368	-0,398	C	0	0
Row29	0	3	male	32,368	-0,501	D	0	0
Row37	0	3	male	21	-0,498	D	0	0
Row38	0	3	female	18	-0,298	D	1	1
Row43	1	2	female	3	0,178	C	1	1
Row45	0	3	male	32,368	-0,498	D	0	0
Row49	0	3	female	18	-0,302	D	1	1
Row61	1	1	female	38	0,952	B	0	1
Row63	0	3	male	4	-0,098	D	1	0
Row68	1	3	female	17	-0,501	D	1	1
Row72	0	2	male	21	0,821	C	0	0
Row76	0	3	male	32,368	-0,501	D	0	0
Row77	0	3	male	32,368	-0,498	D	0	0
Row81	1	3	male	29	-0,469	D	0	0
Row82	1	3	female	21,804	-0,504	D	0	1
Row87	0	3	male	32,368	-0,498	D	0	0
Row88	1	1	female	23	4,64	C	1	1
Row89	0	3	male	24	-0,498	D	0	0
Row94	0	3	male	59	-0,514	D	0	0
Row96	0	1	male	71	0,038	A	0	0
Row101	0	3	male	32,368	-0,501	D	0	0
Row102	0	1	male	21	0,897	D	1	1
Row103	0	3	male	33	-0,486	D	0	0
Row111	0	3	female	14,5	-0,369	D	1	1
Row118	0	1	male	24	4,328	B	1	1
Row119	0	3	female	2	-0,03	D	1	1
Row120	0	2	male	21	0,821	C	1	0

위 그림을 통해 로지스틱 회귀모형을 사용하여 예측된 생존 여부를 확인할 수 있습니다. Test data의 생존 여부를 예측하였기 때문에, 총 268행의 데이터가 예측되었습니다. 이미 Test data에는 생존 여부 데이터가 존재하지만, 이는 예측된 결과와의 차이를 확인하고 모형을 평가하기 위해 사용됩니다.

Scorer 노드

Scorer

정확도

노드 설명

Test data의 실제값과 예측값에 대한 비교를 위해 혼동 행렬(Confusion matrix)과 모형 평가에 사용되는 여러 지표를 확인할 수 있습니다. 대부분의 분류 기법 무형에 대한 평가는 해당 노드를 사용합니다.

노드 설정

Logistic Regression Predictor로부터 예측된 데이터를 연결합니다. First Column에는 Test data의 실제값을, Second Column에는 예측값을 설정해줍니다.

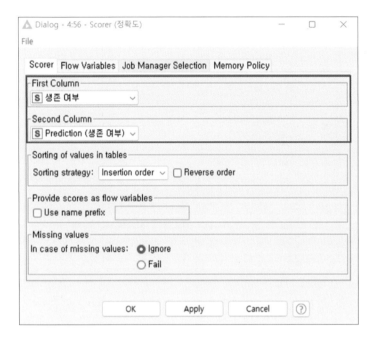

- First Column: 데이터의 실제값
- Second Column: 데이터의 예측값

노드 결과

노드에 마우스 오른쪽 클릭 후, Confusion matrix와 Accuracy statistics를 통해 혼동 행렬과 다양한 통계 지표를 확인할 수 있습니다.

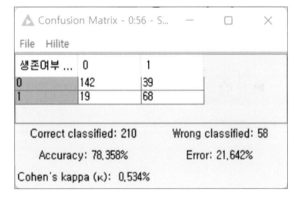

앞의 그림은 두 개의 범주값인 실제값과 예측값을 비교하는 데 사용되는 혼동 행렬입니다. 예측된 268행의 데이터 중, 정확하게 분류된 데이터는 210행이고 잘못 분류된 데이터는 58행으로 측정되었습니다. 따라서 해당 모형은 약 78%의 정확도를 보여주고 있습니다.

Row ID	I Tru...	I Fals...	I Tru...	I Fal...	D Recall	D Precision	D Sensitivity	D Specificity	D F-me...	D Accuracy	D Coh...
0	142	19	68	39	0.785	0.882	0.785	0.782	0.83	?	?
1	68	39	142	19	0.782	0.636	0.782	0.785	0.701	?	?
Overall	?	?	?	?	?	?	?	?	?	0.784	0.534

(Accuracy statistics - 4:56 - Scorer (정확도) / Table "default" - Rows: 3 Spec - Columns: 11 Properties Flow Variables)

위 그림처럼 Recall(재현도), Precision(정밀도), Sensitivity(민감도), Specificity(특이도), Accuracy(정확도)와 같이 모형 평가에 사용되는 대표적인 통계 지표를 확인할 수 있으며, F-measure 등의 다양한 지표를 통해 해당 모형의 성능을 확인할 수 있습니다.

5.2 의사결정나무

다음으로 준비한 실습 머신러닝 알고리즘은 의사결정나무입니다. 의사결정나무는 회귀와 분류 모두 사용 가능한 모형으로, 스무고개와 같이 적절한 분할 기준에 따라 데이터를 분할하여 구분하는 모형입니다. 앞서 진행하였던 Partitioning 노드를 동일 옵션으로 설정한 후, 분할된 Training data와 Test data로 분석을 진행하겠습니다. 두 번째로 진행하게 될 의사결정나무 과정은 다음과 같습니다.

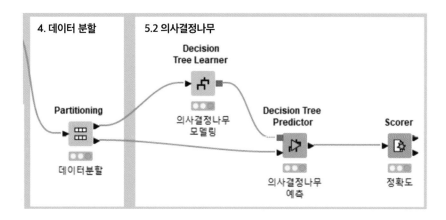

Decision Tree Learner 노드

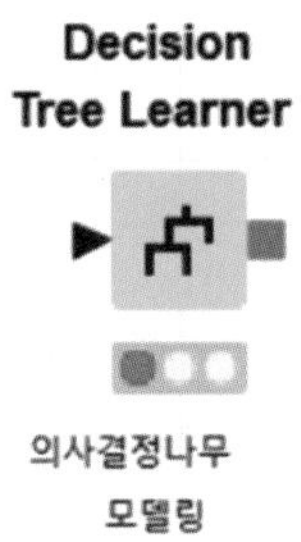

Decision Tree Learner

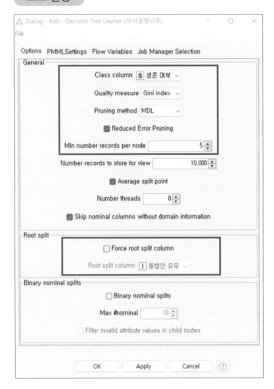

의사결정나무
모델링

 노드 설명

주어진 Training data를 기반으로 의사결정나무 모형을 학습시키
는 노드입니다.

노드 설정

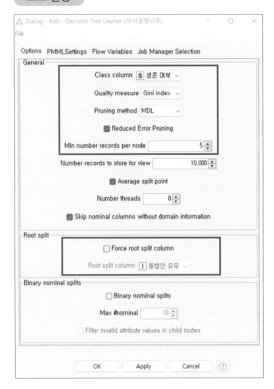

- Class column: 반응 변수(범주형)를 선택
- Quality measure: Gini index와 Gain Ratio와 같은 불순도를 측정하는 지표로 노드 분할
  에 사용되는 기준 지표를 선택
- Pruning method: 가지치기를 통해 의사결정나무의 크기를 줄이고 성능을 높이고 과적

합을 방지하기 위한 처리 여부

- · Reduced Error Pruning: 학습 과정에서 사후 가지치기가 적용되며, 학습의 속도를 높여주는 데 사용
- Min number records per node: 각 노드에 필요한 최소한의 개체 수를 지정하며, 학습의 중지 기준에 해당
- Force root split column: 확실한 도메인 정보가 존재할 경우, 선택한 열에서 첫 번째 분할이 계산되며, 선택한 열에 유효한 분할이 포함되지 않은 경우 경고 메시지가 표시

노드 결과

노드 오른쪽 클릭 후, 'View : Decision Tree View'를 클릭하면 해당 학습 모형의 결과를 볼 수 있습니다. 분석에서 Quality measure는 Gini index를 사용하였고, 가지치기를 포함하였으며 모형의 성능에 영향을 끼치는 Parameter인 Min number records per node는 5로 설정하여 진행하였습니다.

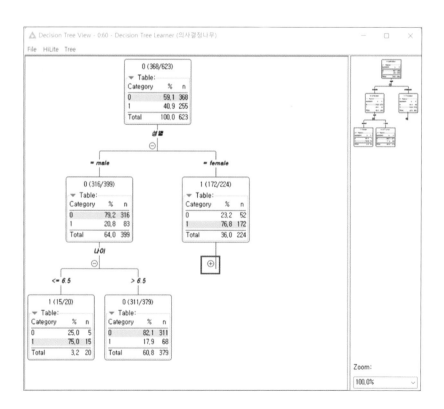

위 그림은 학습된 의사결정나무의 결과입니다. '+'를 누르면 요약된 중간 노드와 끝 노드를 펼쳐볼 수 있습니다. 탑승객 중 남성이면서 나이가 6.5세 이하인 경우는 총 20명이며, 이 중 15명은 생존하고 5명은 사망했으므로 생존 확률은 75%인 것이 확인되며, 남성이면서 6.5세 초과인 경우는 사망 확률이 더 높은 것으로 확인됩니다. 여성일 경우도 이와 같은 순서를 통해 결과를 직관적으로 해석할 수 있습니다.

Decision Tree Predictor 노드

Decision Tree Predictor

의사결정나무 예측

노드 설명

학습된 의사결정나무 모형으로 Test data의 반응 변수인 생존 여부를 예측합니다. 연결 포트로 파란색 포트에는 학습된 모형을, 검은색 포트에는 Test data를 연결합니다.

노드 설정

아래 체크박스를 활성화하면, 새롭게 예측된 결과 Column의 변수명을 지정할 수 있으며, 각 데이터 행의 특정 범주에 속할 확률도 확인할 수 있습니다.

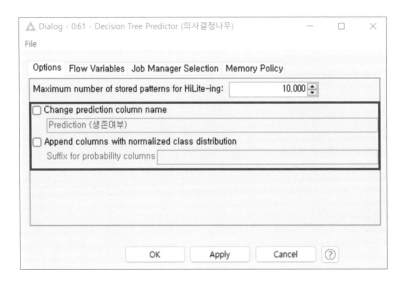

- Change prediction column name: 예측된 열의 Column명 변경
- Append columns with normalized class distribution: 예측에 대한 특정 범주에 속할 확률을 표시

노드 결과

노드에 마우스 오른쪽 클릭 후, Classified data를 통해 예측한 데이터를 확인할 수 있습니다.

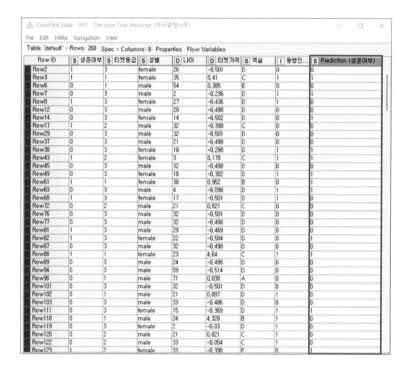

Scorer 노드

Scorer

정확도

노드 설명

Test data의 실제값과 예측값에 대한 비교를 위한 혼동 행렬(Confusion matrix)과 모형 평가에 사용되는 여러 지표를 확인할 수 있습니다.

해당 노드는 로지스틱 회귀분석에서 실습한 과정과 동일하게 적용됩니다. First Column은 Test data의 실제 생존 여부 Column이고, Second Column은 학습된 모형을 기반으로 예측된 생존 여부 Column입니다.

노드 오른쪽 클릭 후, Confusion Matrix 와 Accuracy Statistics를 통해 혼동 행렬 과 다양한 통계 지표를 확인할 수 있습니다.

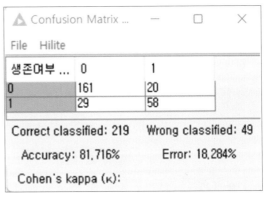

혼동 행렬의 결과는 다음과 같습니다. 예측된 268행의 데이터 중, 정확하게 분

류된 데이터는 219행이고 잘못 분류된 데이터는 49행으로 측정되었습니다. 따라서 해당 모형은 약 82%의 정확도를 보여주고 있습니다.

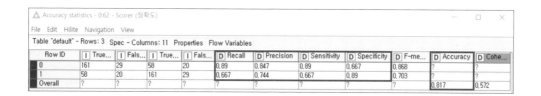

Row ID	I True...	I Fals...	I True...	I Fals...	D Recall	D Precision	D Sensitivity	D Specificity	D F-me...	D Accuracy	D Cohe...
0	161	29	58	20	0,89	0,847	0,89	0,667	0,868	?	?
1	58	20	161	29	0,667	0,744	0,667	0,89	0,703	?	?
Overall	?	?	?	?	?	?	?	?	?	0,817	0,572

위 그림을 통해 Recall(재현도), Precision(정밀도), Sensitivity(민감도), Specificity(특이도), Accuracy(정확도)를 확인할 수 있습니다. 로지스틱 회귀모형과 비교했을 때, 의사결정나무가 정확도 면에서 더 우수하다고 할 수 있으며 이번 분석에 더 적합한 모형이라고 판단할 수 있습니다.

로지스틱 회귀분석과 의사결정나무의 정확도가 상이하게 나타났지만, 두 모형 간에는 해석에 차이가 존재합니다. 로지스틱 회귀분석은 반응 변수와 설명 변수 간의 관계를 구체적인 함수 형태로 나타내기 때문에 변수 간 자세한 해석이 가능합니다. 하지만 회귀계수를 통한 해석 과정에서 수치 계산이 사용되기 때문에 통계 관련 지식을 필요로 합니다. 추가로 반응 변수가 두 개의 값을 가진 범주형 자료일 경우에만 적용되기 때문에 분석에도 한정적이라는 특징이 있습니다.

반면 의사결정나무는 시각적이고 명시적인 방법으로 누구나 쉽게 직관적인 결과 해석이 가능합니다. 또한, 여러 설명 변수의 중요도를 파악할 수 있고 반응변수가 두 개 이상의 범주를 가질 때와 연속되는 실숫값을 가질 때 모두 적용 가능합니다. 어떠한 모형이 높은 정확도를 가질 거라는 가설을 세우고 분석을 하는 것보단, 다양한 모형들을 활용하면서 정확도를 비교하여 최고의 정확도를 내는 모형을 선택하는 과정이 분석의 핵심입니다. 이번 실습에서 사용되었던 데이터는 '의사결정나무'가 조금 더 적합한 모형이었기 때문에 로지스틱 회귀분석보다 정확도가 높게 나타난 것입니다.

6. 다른 주요한 분석 관련 노드들

데이터에 대한 통계분석이 필요한 경우 KNIME 내의 여러 노드를 활용할 수 있습니다. 실습한 노드 외에 분석 과정에서 부가적으로 많이 활용되는 6개의 핵심 노드를 타이타닉 데이터를 통해 살펴보겠습니다.

Statistics 노드

각 Column에 대한 요약, 가령 타이타닉 생존자들의 평균 나이와 사망자들의 평균 나이에 대한 데이터를 미리 파악한다면 분석을 위한 기초 작업이 탄탄해질 것입니다.

노드 설명

'Statistics'는 기술 통계를 출력하기 위해 사용하는 노드입니다. 이 노드는 모든 수치형 Column의 최솟값, 최댓값, 평균, 표준편차, 분산, 중위수, 전체 합, 결측값 수 및 행수와 같은 기초 통계를 계산합니다. 또한, 모든 범주형 Column의 발생 횟수와 구성비를 계산합니다.

노드 설정

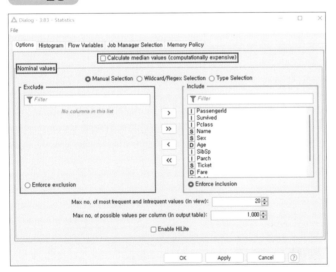

- Calculate median values: 중위수 계산
- Nominal values: 명목형 변수 포함 여부 선택

노드 결과

첫 번째 출력 포트인 Statistics Table에서는 수치형 Column들에 대한 통계량이 테이블 형태로 제공됩니다. 타이타닉 데이터에는 생존 여부, 나이 등 7개의 Column이 수치형 Column이기 때문에 해당 Column들에 대한 요약된 자료를 확인할 수 있습니다.

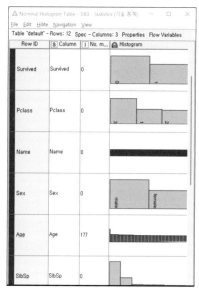

첫 번째 출력 포트

두 번째 출력 포트인 Nominal Histogram Table에서는 범주형 Column들에 대한 분포를 히스토그램 형태로 제공합니다.

두 번째 출력 포트

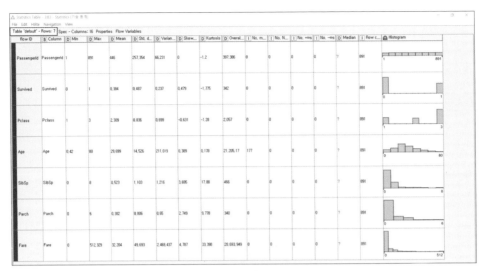

세 번째 출력 포트

세 번째 출력 포트인 Occurrences Table에서는 각 Column이 가진 유니크한 데이터값과 개수, 그리고 구성비를 테이블 형태로 제공합니다.

Value Counter 노드

Value Counter는 특정 Column에 대한 빈도를 확인하고 싶을 경우 사용합니다.

Value Counter

선택 변수
빈도표 생성

노드 설명

'Value Counter'는 하나의 Column에 대한 빈도를 계산하여 빈도표를 테이블 형태로 제공합니다.

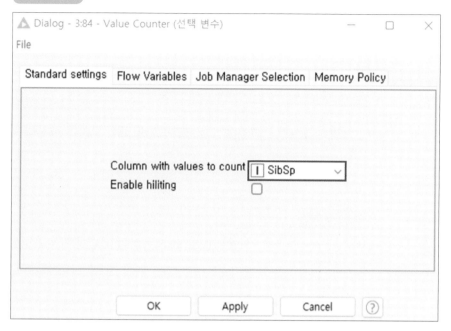

- Column with values to count: 빈도를 계산할 Column을 선택. (수치형, 범주형 모두 선택 가능)

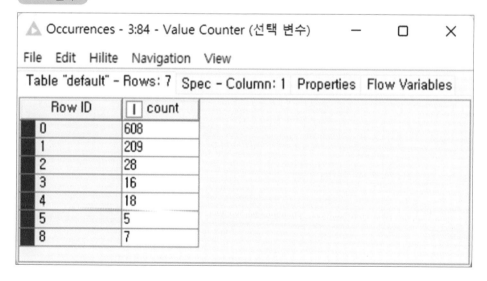

SipSp 변수에 0은 608개, 1은 209개, 2는 28개, 3은 16개, 4는 18개, 5는 5개, 8은 7개가 포함되어있는 것을 확인할 수 있습니다.

Numeric Outliers 노드

Numeric Outliers는 주로 데이터 전처리 과정에서 진행됩니다. 데이터 분석에 사용되는 데이터에 이상치가 존재하면 모델의 성능을 저하시킬 수 있습니다. 따라서 전처리 과정에서 이상치를 제거하는 작업이 꼭 필요합니다.

Numeric Outliers

이상치 처리

노드 설명

해당 노드는 사분위 간 범위(IQR)를 사용하여 선택한 각 Column에 대한 이상치를 개별적으로 탐지하고 처리합니다. 이상치 처리 대상은 SibSp 열입니다.

노드 설정

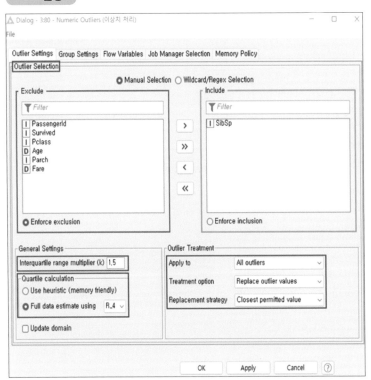

- Outlier Selection: 이상치를 탐지하고 처리할 Column을 선택

- Interquartile range multiplier(k): 사분위 간 범위(IQR)를 크기 조정 가능. 기본값은 k = 1.5로 값이 클수록 이상치로 간주되는 값이 줄어듦

- Quartile calculation: 데이터의 크기, 메모리 사용요구에 따라 선택

- Apply to: 모든 이상치, 하한보다 작은 이상치, 상한보다 큰 이상치 중 선택 가능

- Treatment option: 이상치를 처리하기 위한 세 가지 전략 중 선택

- Replacement strategy: 이상치를 대체할 두 가지 전략 중 선택

노드 결과

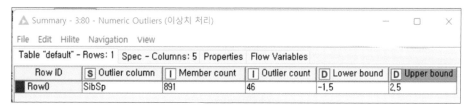

첫 번째 출력 포트

첫 번째 출력 포트인 Treated Table에서는 SibSp Column에 대해 허용되는 범주 내에서 가장 가까운 정수로 변경된 것을 확인할 수 있습니다.

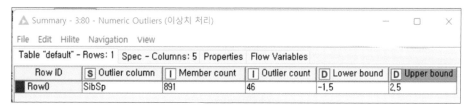

두 번째 출력 포트

두 번째 출력 포트인 Summary에서는 SibSp Column의 전체 수, 이상치 수, 하한값, 상한값을 확인할 수 있습니다.

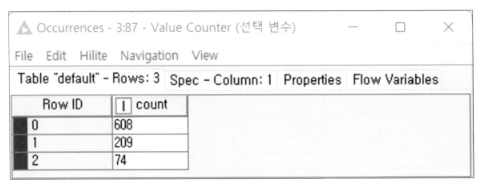

세 번째 출력 포트

세 번째 출력 포트 Occurrences에서 Value Counter 노드로 SibSp Column을 다시 확인해보면 2 이상의 값이 대체되었음을 확인할 수 있습니다.

Missing Value 노드

결측값은 분석 정확성을 떨어뜨리고, 모델을 생성할 때 잦은 오류를 유발합니다. 타이타닉 데이터에도 Age 변수에 결측값의 존재를 확인할 수 있습니다.

Missing Value

결측값 처리

노드 설명

'Missing Value'는 테이블의 셀에 있는 결측값을 처리하는 데 사용됩니다. 대화상자의 첫 번째 탭(기본값으로 표시됨)은 모든 Column에 대한 데이터 유형별 결측값 처리 옵션을 제공합니다. 두 번째 탭에서는 사용 가능한 각 Column에 대해 개별 설정이 가능합니다.

- Default: 데이터 유형별 결측값 처리 옵션을 선택

- Column Settings: 선택한 Column 결측값 존재 시 해당 Column 평균값으로 대체

Row ID	I Passe...	I Survived	I Pclass	S Name	S Sex	D Age	I SibSp	I Parch	S Ticket	D Fare	S Cabin	S Embar...
Row0	1	0	3	Braund, Mr. Owen Harris	male	22	1	0	A/5 21171	7.25	?	S
Row1	2	1	1	Cumings, Mrs. John Br...	female	38	1	0	PC 17599	71.283	C85	C
Row2	3	1	3	Heikkinen, Miss. Laina	female	26	0	0	STON/O2...	7.925	?	S
Row3	4	1	1	Futrelle, Mrs. Jacques...	female	35	1	0	113803	53.1	C123	S
Row4	5	0	3	Allen, Mr. William Henry	male	35	0	0	373450	8.05	?	S
Row5	6	0	3	Moran, Mr. James	male	29.699	0	0	330877	8.458	?	Q
Row6	7	0	1	McCarthy, Mr. Timothy J	male	54	0	0	17463	51.862	E46	S
Row7	8	0	3	Palsson, Master. Gost...	male	2	3	1	349909	21.075	?	S
Row8	9	1	3	Johnson, Mrs. Oscar ...	female	27	0	2	347742	11.133	?	S
Row9	10	1	2	Nasser, Mrs. Nicholas ...	female	14	1	0	237736	30.071	?	C
Row10	11	1	3	Sandstrom, Miss. Mar...	female	4	1	1	PP 9549	16.7	G6	S
Row11	12	1	1	Bonnell, Miss. Elizabeth	female	58	0	0	113783	26.55	C103	S
Row12	13	0	3	Saundercock, Mr. Willi...	male	20	0	0	A/5. 2151	8.05	?	S
Row13	14	0	3	Andersson, Mr. Anders...	male	39	1	5	347082	31.275	?	S
Row14	15	0	3	Vestrom, Miss. Hulda ...	female	14	0	0	350406	7.854	?	S
Row15	16	1	2	Hewlett, Mrs. (Mary D ...	female	55	0	0	248706	16	?	S
Row16	17	0	3	Rice, Master. Eugene	male	2	4	1	382652	29.125	?	Q
Row17	18	1	2	Williams, Mr. Charles ...	male	29.699	0	0	244373	13	?	S
Row18	19	0	3	Vander Planke, Mrs. Ju...	female	31	1	0	345763	18	?	S
Row19	20	1	3	Masselmani, Mrs. Fati...	female	29.699	0	0	2649	7.225	?	C
Row20	21	0	2	Fynney, Mr. Joseph J	male	35	0	0	239865	26	?	S
Row21	22	1	2	Beesley, Mr. Lawrence	male	34	0	0	248698	13	D56	S
Row22	23	1	3	McGowan, Miss. Anna...	female	15	0	0	330923	8.029	?	Q
Row23	24	1	1	Sloper, Mr. William Tho...	male	28	0	0	113788	35.5	A6	S
Row24	25	0	3	Palsson, Miss. Torbor...	female	8	3	1	349909	21.075	?	S
Row25	26	1	3	Asplund, Mrs. Carl Os...	female	38	1	5	347077	31.387	?	S
Row26	27	0	3	Emir, Mr. Farred Chebab	male	29.699	0	0	2631	7.225	?	C
Row27	28	0	1	Fortune, Mr. Charles Al...	male	19	3	2	19950	263	C23 C25 C27	S
Row28	29	1	3	O'Dwyer, Miss. Ellen "...	female	29.699	0	0	330959	7.879	?	Q
Row29	30	0	3	Todoroff, Mr. Lalio	male	29.699	0	0	349216	7.896	?	S
Row30	31	0	1	Uruchurtu, Don. Manue...	male	40	0	0	PC 17601	27.721	?	C
Row31	32	1	1	Spencer, Mrs. William ...	female	29.699	1	0	PC 17569	146.521	B78	C
Row32	33	1	3	Glynn, Miss. Mary Aga...	female	29.699	0	0	335677	7.75	?	Q
Row33	34	0	2	Wheadon, Mr. Edward H	male	66	0	0	C.A. 24579	10.5	?	S
Row34	35	0	1	Meyer, Mr. Edgar Joseph	male	28	1	0	PC 17604	82.171	?	C
Row35	36	0	1	Holverson, Mr. Alexand...	male	42	1	0	113789	52	?	S

Age Column에 포함된 결측값이 해당 Column의 평균값으로 대체되어있는 것을 확인할 수 있습니다.

Linear Correlation 노드

Column 간의 선형관계 상관 분석을 통해 관계의 정도를 수치화할 수 있습니다. 타이타닉 데이터에서 승객의 속성과 생존 사이의 상관관계를 측정하겠습니다.

Linear Correlation

선형 상관분석

노드 설명

'Linear Correlation'은 선택한 각 Column 쌍에 대해 상관 계수, 즉 두 Column의 상관관계를 측정합니다.

노드 설정

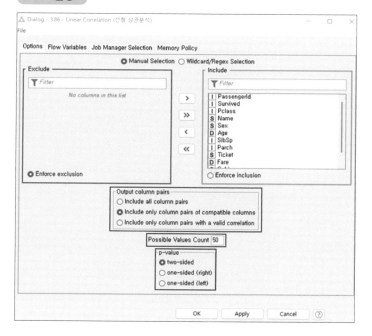

- Output column pairs: 선택한 Column 중 상관 계수 테이블에 포함할 Column 쌍을 선택

- Possible Values Count: 각 범주형 Column에 대해 가능한 값의 개수 설정

- p-value: Pearson 상관 계수에 대해 계산할 p-값을 선택

노드 결과

첫 번째 출력 포트

Row ID	S First c...	S Secon...	D Correlation value	D p value	I Degre...
Row0	PassengerId	Survived	-0.005006660767065504	0.8813657768797...	889
Row1	PassengerId	Pclass	-0.03514399403037988	0.2946911223516...	889
Row2	PassengerId	Age	0.03320654640191451	0.3221328340217...	889
Row3	PassengerId	SibSp	-0.06902939392290815	0.0393921797376...	889
Row4	PassengerId	Parch	-0.0016520124027188604	0.9607258383105...	889
Row5	PassengerId	Fare	0.01265821928749127	0.7059300398209...	889
Row6	Survived	Pclass	-0.3384810359610141	2.5370473879823...	889
Row7	Survived	Age	-0.06980851528714227	0.0372170837268...	889
Row8	Survived	SibSp	0.05420290815704962	0.1059098488384...	889
Row9	Survived	Parch	0.08162940708348397	0.0147992453747...	889
Row10	Survived	Fare	0.25730652236846227	6.2172489379008...	889
Row11	Pclass	Age	-0.3313387740824191	2.8420503203551...	889
Row12	Pclass	SibSp	-3.902455006663721E-4	0.9907189537043...	889
Row13	Pclass	Parch	0.01844267131074851	0.5824697762372...	889
Row14	Pclass	Fare	-0.5494996199439065	1.9673861734243...	889

첫 번째 출력 포트인 Correlation measure에서는 각 Column 쌍에 대한 상관 계수, p-값 및 자유도를 테이블 형태로 확인할 수 있습니다.

두 번째 출력 포트

두 번째 출력 포트인 Correlation matrix에서는 각 Column 쌍에 대한 상관 계수를 행렬 형태로 확인할 수 있습니다.

세 번째 출력 포트

- View: Correlation Matrix에서는 모든 Column의 상관관계를 사각형 테이블 뷰로 확인할 수 있습니다. 색 범위는 진한 빨간색(강한 음의 상관관계), 흰색(상관 없음)에서 진한 파란색(강한 양의 상관관계)까지 다양합니다. Column 쌍에 대한 상관관계를 표현할 수 없는 경우 해당 셀에 결측값(색상 보기에 십자 표시)이 포함됩니다.

One to Many 노드

명목척도로 측정된 Column을 모델링에 사용해야 하는 경우, 명목척도로 나타낸 Column을 0과 1의 값만 갖는 한 개 혹은 몇 개의 이항변수(Binary variable)로 바꾸어 분석에 활용할 수 있습니다. 타이타닉 데이터에 포함된 범주형 Column을 분석에 활용할 수 있도록 더

미변수로 변환하겠습니다.

One to Many

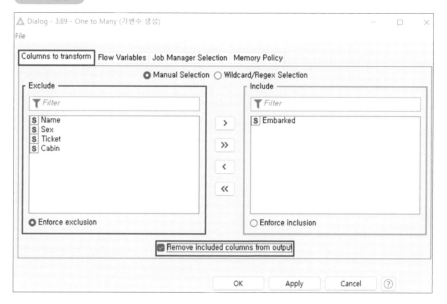

가변수 생성

'One to Many'는 선택한 Column의 모든 값을 각각 새 Column으로 변환합니다. 각 값은 추가될 Column의 이름으로 설정되며, 해당 Column의 데이터는 Column명으로 지정된 값이 존재하던 행에 1, 그 외의 경우 0으로 생성됩니다.

노드 설정

- Columns to transform: 변환에 사용할 범주형 Column을 선택
- Remove included columns from output: Include에 포함된 Column은 결과 테이블에서 제외

Processed data - 3:89 - One to Many (가변수 생성)

File Edit Hilite Navigation View

Table "default" - Rows: 891 Spec - Columns: 14 Properties Flow Variables

Row ID	Passe...	Survived	Pclass	Name	Sex	Age	SibSp	Parch	Ticket	Fare	Cabin	S	C	Q
Row0	1	0	3	Braund, Mr. Owen Harris	male	22	1	0	A/5 21171	7.25	?	1	0	0
Row1	2	1	1	Cumings, Mrs. John Br...	female	38	1	0	PC 17599	71.283	C85	0	1	0
Row2	3	1	3	Heikkinen, Miss. Laina	female	26	0	0	STON/O2...	7.925	?	1	0	0
Row3	4	1	1	Futrelle, Mrs. Jacques ...	female	35	1	0	113803	53.1	C123	1	0	0
Row4	5	0	3	Allen, Mr. William Henry	male	35	0	0	373450	8.05	?	1	0	0
Row5	6	0	3	Moran, Mr. James	male	29.699	0	0	330877	8.458	?	0	0	1
Row6	7	0	1	McCarthy, Mr. Timothy J	male	54	0	0	17463	51.862	E46	1	0	0
Row7	8	0	3	Palsson, Master. Gost...	male	2	2	1	349909	21.075	?	1	0	0
Row8	9	1	3	Johnson, Mrs. Oscar ...	female	27	0	2	347742	11.133	?	1	0	0
Row9	10	1	2	Nasser, Mrs. Nicholas ...	female	14	1	0	237736	30.071	?	0	1	0
Row10	11	1	3	Sandstrom, Miss. Mar...	female	4	1	1	PP 9549	16.7	G6	1	0	0
Row11	12	1	1	Bonnell, Miss. Elizabeth	female	58	0	0	113783	26.55	C103	1	0	0
Row12	13	0	3	Saundercock, Mr. Willi...	male	20	0	0	A/5. 2151	8.05	?	1	0	0
Row13	14	0	3	Andersson, Mr. Anders...	male	39	1	5	347082	31.275	?	1	0	0
Row14	15	0	3	Vestrom, Miss. Hulda ...	female	14	0	0	350406	7.854	?	1	0	0
Row15	16	1	2	Hewlett, Mrs. (Mary D ...	female	55	0	0	248706	16	?	1	0	0
Row16	17	0	3	Rice, Master. Eugene	male	2	2	1	382652	29.125	?	0	0	1
Row17	18	1	2	Williams, Mr. Charles ...	male	29.699	0	0	244373	13	?	1	0	0
Row18	19	0	3	Vander Planke, Mrs. Ju...	female	31	1	0	345763	18	?	1	0	0
Row19	20	1	3	Masselmani, Mrs. Fati...	female	29.699	0	0	2649	7.225	?	0	1	0
Row20	21	0	2	Fynney, Mr. Joseph J	male	35	0	0	239865	26	?	1	0	0
Row21	22	1	2	Beesley, Mr. Lawrence	male	34	0	0	248698	13	D56	1	0	0
Row22	23	1	3	McGowan, Miss. Anna...	female	15	0	0	330923	8.029	?	0	0	1
Row23	24	1	1	Sloper, Mr. William Tho...	male	28	0	0	113788	35.5	A6	1	0	0
Row24	25	0	3	Palsson, Miss. Torbor...	female	8	2	1	349909	21.075	?	1	0	0
Row25	26	1	3	Asplund, Mrs. Carl Os...	female	38	1	5	347077	31.387	?	1	0	0
Row26	27	0	3	Emir, Mr. Farred Chehab	male	29.699	0	0	2631	7.225	?	0	1	0
Row27	28	0	1	Fortune, Mr. Charles Al...	male	19	2	2	19950	263	C23 C25 C27	1	0	0
Row28	29	1	3	O'Dwyer, Miss. Ellen "...	female	29.699	0	0	330959	7.879	?	0	0	1
Row29	30	0	3	Todoroff, Mr. Lalio	male	29.699	0	0	349216	7.896	?	1	0	0
Row30	31	0	1	Uruchurtu, Don. Manue...	male	40	0	0	PC 17601	27.721	?	0	1	0
Row31	32	1	1	Spencer, Mrs. William ...	female	29.699	1	0	PC 17569	146.521	B78	0	1	0
Row32	33	1	3	Glynn, Miss. Mary Aga...	female	29.699	0	0	335677	7.75	?	0	0	1
Row33	34	0	2	Wheadon, Mr. Edward H	male	66	0	0	C.A. 24579	10.5	?	1	0	0
Row34	35	0	1	Meyer, Mr. Edgar Joseph	male	28	1	0	PC 17604	82.171	?	0	1	0

기존의 Embarked Column의 데이터였던 'S', 'C', 'Q'가 Column명으로 변환되어 추가된 것을 확인할 수 있습니다.

5강

KNIME Web Portal

1. KNIME Web Portal 소개

KNIME Web Portal은 KNIME Server를 설치한 경우 사용할 수 있는 확장 인스턴스입니다. 엑세스 가능한 모든 Workflow 목록을 보여주며, 실행 기능 제공 및 결과를 확인할 수 있는 웹 인터페이스를 제공합니다.

제공되는 기능은 Workflow 실행 및 시각화 페이지 제공, Workflow Job 모니터링, 서버 모니터링 및 설정으로 크게 3가지가 있습니다.

1.1 접속 방법

기본적으로, 설정값을 변경하지 않은 상태에서 URL(http://(서버 IP주소)/knime/webportal)을 이용하여 KNIME Web Portal에 접속할 수 있습니다. 아래와 같은 로그인 페이지가 뜨게 되면 정상적으로 접속된 상태입니다.

1.2 지원되는 Web 브라우저

KNIME Web Portal 4.12 버전을 기준으로 아래 Web 브라우저를 사용해야만 올바르게 접속 및 사용이 가능합니다.

브라우저	버전
Google Chrome	87 이상
Microsoft Edge	44 이상
Firefox	78 이상
Safari	14 이상

※ Internet Explorer 8.0 이하의 버전은 지원하지 않습니다.

2. KNIME Web Portal 페이지 구성 및 사용하기

KNIME Web Portal은 'Workflows(메인)', 'Monitoring(모니터링)', 'Administration(관리자)'로 크게 3가지 메뉴로 구성되어있습니다.

2.1 Workflows(메인)

앞의 그림처럼 모든 Workflow가 표시되는 Main 페이지에서 할 수 있는 주요한 기능을 아래와 같이 KNIME Analytics Platform에서 배포된 Workflow를 실행하여 결과를 확인하는 기능입니다.

실행할 Workflow가 존재하는 Workflow Repository로 이동하여 목록을 확인합니다.

Workflow의 오른쪽 상단 모서리에 있는 노란색 "▷" 버튼을 클릭하여 작업을 직접 실행할 수 있습니다.

"01_Dynamic_Content" Workflow를 클릭해보면, 아래와 같이 Workflow 정보가 표시됩니다.

노란색 " ▷ Run " 버튼 클릭 시 Workflow가 실행되고 결과가 표시됩니다.

KNIME Analytics Platform에서 Widget 노드, Interactive Widget 노드, View 노드 등을 조합하여 레이아웃 정렬 및 스타일 지정이 가능합니다. 이러한 노드가 포함된 Workflow는 아래와 같이 Web Portal을 통해 실행될 때 시각화 페이지를 제공하기 때문에 특히 유용합니다.

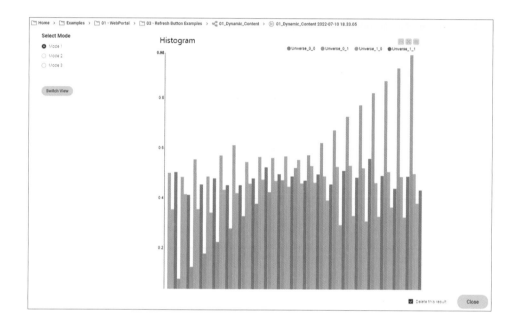

이렇게 실행된 Workflow에 대한 이력을 '모니터링 페이지'의 Jobs 메뉴에서 확인할 수 있습니다.

Workflow가 실행되기 전 화면에서, 우측 상단의 'Share' 버튼을 클릭하면 Workflow를 공유할 수 있는 화면이 나옵니다. 여기서 Copy Link 또는 Copy Code 버튼을 클릭하여 Access Token 발급이 가능합니다. 토큰을 발급받으면 사용자가 로그인할 필요 없이 Workflow 실행 및 접근이 가능합니다. 다음같이 Access Token이 포함된 Link를 입력히면, 브라우저에서 접근하여 Workflow 실행이 가능하며, Embed Code(Iframe HTML Code)를 이용하여 타 웹페이지 안에 또 다른 하나의 웹페이지 삽입이 가능합니다.

- Link: http://{서버주소}/knime/webportal/space/{Workflow경로}?exec&embed& knime:access_token={Access Token}

- Embed code: ⟨iframe width="640" height="480" src="{Link}" frameborder="0" allowfullscreen⟩⟨/iframe⟩

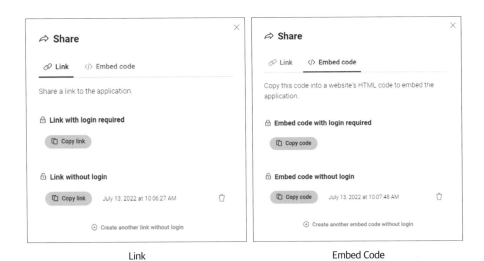

Link   Embed Code

2.2 Monitoring(모니터링)

모니터링 메뉴는 'Jobs(Workflow Job)', 'Schedules(Workflow 스케줄)', 'Access Tokens (Workflow 엑세스 토큰)', 'Executors(실행기)', 'Logs(로그)' 총 5개의 세부 메뉴로 구성되어있습니다.

- Jobs: Workflow 실행 이력을 보여줍니다.

우측 상단의 필터를 통해 세부적인 내역 조회가 가능하며, 실패한 Workflow Job에 대해서는 아래와 같이 Node Messages를 눌러 에러 로그를 확인할 수 있습니다.

- Schedules: Workflow 실행 예약된 스케줄 목록을 보여줍니다.

아래와 같이 맨 좌측의 "〉" 버튼을 눌러서 Schedule별로 실행된 내역을 세부적으로 확인할 수 있고, 토글 방식의 Status 버튼을 통해 설정된 Schedule을 Activate/Deactivate 할 수 있습니다.

- Access tokens: Access token을 발급한 목록을 표시합니다.

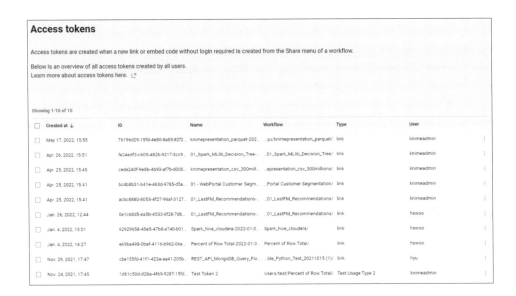

- Executors: KNIME Server에서 Workflow 실행을 담당하는 KNIME Executor의 현재 Memory/CPU 사용 상태와 Executor 정보를 표시합니다.

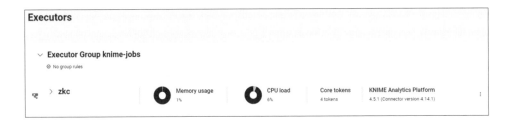

- Logs: KNIME Server 로그를 날짜를 설정하여 Zip 파일 형태로 압축하여 다운로드받을 수 있습니다.

Logs

Here you can download all logs of the KNIME Server.

Date range

○ Today
○ Yesterday
○ Last week
○ Last month
○ Custom date range ∨

⬆ Download

2.3 Administration(관리자)

Administration 메뉴는 'License(라이센스)', 'Users(사용자)', 'Groups(그룹)', 'Configuration(서버 설정 관리)' 총 4개의 세부 메뉴로 구성되어있습니다.

- License: KNIME Server에 설치된 KNIME Server License 내역 및 User/Consumer 정보 등을 확인할 수 있습니다.

User	KNIME Analytics Platform에서 KNIME Server에 접속이 가능한 사용자
Consumer	KNIME Web Portal만 사용할 수 있는 사용자로 KNIME Analytics Platform에서 KNIME Server로의 접근이 불가능한 사용자

'Show users' 버튼을 눌러 현재 KNIME Server 상에 User로 등록된 사용자 목록을 확인할
수 있습니다.

'Change license' 버튼을 눌러 로컬 PC에서 KNIME Server에 새로운 License를 갱신할 수
있습니다.

- Users : KNIME Server에 등록된 전체 사용자(User/Consumer)의 목록을 확인할 수 있
고, 신규 사용자 등록 및 사용자 삭제를 할 수 있습니다.

'Add user' 버튼을 눌러 아래와 같이 신규 사용자를 등록할 수 있습니다.

- Groups: KNIME Server에 등록된 그룹 목록을 확인할 수 있고, 신규 그룹 생성 및 그룹 삭제를 할 수 있습니다.

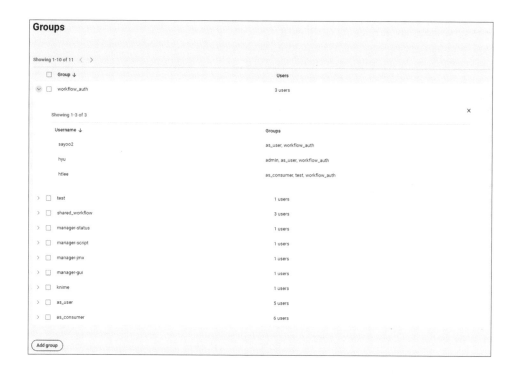

'Add group' 버튼을 눌러 아래와 같이 신규 그룹을 등록할 수 있습니다.

옹옹 **Add group**

Group name*

Test Group

- Configuration: KNIME Server와 KNIME Web Portal을 사용하는 데 필요한 각종 설정값을 변경할 수 있습니다. KNIME Server와 KNIME Web Portal은 각각의 설정값에 따라 동작합니다. 자세한 사항은 KNIME 매뉴얼을 참조하시기 바랍니다.

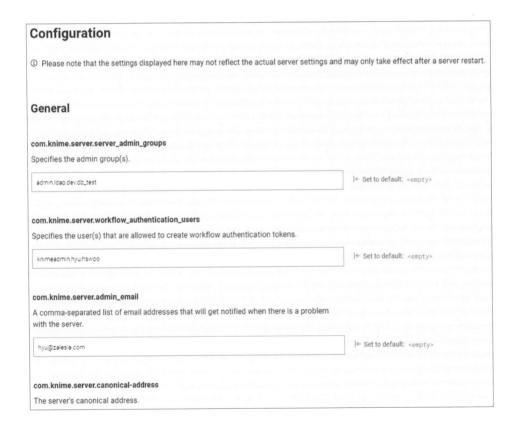

Configuration

ⓘ Please note that the settings displayed here may not reflect the actual server settings and may only take effect after a server restart.

General

com.knime.server.server_admin_groups
Specifies the admin group(s).

admin,ldap,dev,db_test |← Set to default: <empty>

com.knime.server.workflow_authentication_users
Specifies the user(s) that are allowed to create workflow authentication tokens.

knimeadmin,hyu,hswoo |← Set to default: <empty>

com.knime.server.admin_email
A comma-separated list of email addresses that will get notified when there is a problem with the server.

hyu@zalesia.com |← Set to default: <empty>

com.knime.server.canonical-address
The server's canonical address.

KNIME
Server

KNIME Server는 팀 기반 협업, 자동화, 관리 및 Workflow 배포를 위한 기업용 소프트웨어입니다. KNIME Server는 크게 4가지의 기능을 제공합니다.

- Collaboration
  - Workflow 공유 및 엑세스 권한 제어
  - 구성 요소들을 업로드하고 공유함으로써 대부분의 기능 재사용 가능
  - 메타데이터 암호화를 통한 콘텐츠 보호 및 지적 재산 보호
  - 노드 저장소 커스터마이징을 통한 사용 편의성 및 규정 준수 보장
- Automation
  - KNIME Server에서 Workflow 실행
  - 특정 시간 또는 주기적으로 실행되도록 Workflow와 Report 스케줄링
  - Workflow 실행을 다중 서버로 스케일링
  - BigData를 사용한 Workflow 원격 실행
- Deployment
  - Guided Analytics 생성 및 구축
  - REST API를 통한 외부 엑세스 및 Workflow 배포
  - Web Portal을 통해 분석 프로그램 및 서비스 엑세스 가능
- Management
  - 개별 사용자 및 그룹에 대해 사용자 자격 증명 관리
  - Workflow의 스냅샷 생성 및 이전 버전과 비교 가능
  - 서버 작업 모니터링(실행·예약된 작업), 사용 권한 조정, 진행 중인 서비스 관리
  - 중앙 집중형 관리를 통한 IT 운영
  - LDAP/Active Directory를 통한 통합 인증 설정 가능
  - OAuth/OIDC를 통한 Single Sign-On 사용 가능
  - 리소스 탄력적 확장 가능

· 팀 내 Workflow 공유가 필요할 때

· Workflow 스케줄링 등 자동화 기능이 필요할 때

· Workflow 결과에 대한 웹 대시보드 기능이 필요할 때

· 외부 애플리케이션을 통한 Workflow 호출 등 REST API 사용이 필요할 때

· 위 예시 외에도 많은 케이스가 있습니다. (일반적으로 기업 레벨에서 사용할 경우엔 KNIME 서버 사용을 권장합니다)

1. 서버 사양 및 기능

– 지원되는 운영체제

· Windows: Server 2016, Server 2019

· Linux: 우분투 16.04 LTS, 18.04 LTS, 20.04

LTS, 22.04 LTS

RHEL/CentOS 7.X 또는 RHEL 8

Rocky Linux 8과 같은 호환 가능한 OS

– 하드웨어 요구사항

· 최소 8 Cores, 32GB RAM, 250GB Disk, Java Development Kit(JDK) 11 또는 17

서버 사양에 따른 기능

· KNIME Server(Small): 소규모 팀, 원격으로 Workflow를 교환하고 실행

· KNIME Server(Medium): Browser를 통해 Workflow를 사용 및 REST API 활용

· KNIME Server(Large): 대규모 팀, 복합적인 설치, 글로벌 협업 또는 Big Data 활용

기능	설명	Small	Medium	Large
Collaboration (협업)	Workflow의 공유 및 엑세스 권한 제어	○	○	○
	사용자가 대부분의 공통 기능을 재사용할 수 있도록 구성 요소 업로드 및 공유	○	○	○
	사용을 용이하게 하고 규정 준수를 보장하기 위해 노드 저장소를 사용자가 지정			○
Automation (자동화)	KNIME Server에서 Workflow 실행	○	○	○
	특정 시간 또는 주기적으로 실행되도록 Workflow 또는 Report 스케줄링	○	○	○
	보안 환경에서 제대로 프로비저닝된 하드웨어를 활용하도록 KNIME 서버에서 Workflow 수정 및 실행	○	○	○
	KNIME Executors를 사용하여 Workflow 실행을 여러 시스템으로 확장			○
	일치하는 기능을 가진 KNIME 실행자에 대한 특별한 요구 사항이 있는 Workflow 자동 라우팅을 위해 Workflow Pinning 사용			○
	BigData Workflow를 원격으로 실행. KNIME Workflow에서 Apache Hadoop, Spark 및 Databricks에 엑세스 가능			○
Deployment (배포)	Guided Analytics 생성 및 배포	○	○	○
	REST API를 통해 다른 애플리케이션에 접속하여 Workflow 배포		○	○
	KNIME Web Portal을 통해 분석 애플리케이션 및 서비스에 엑세스 할 수 있는 Consumer의 수	제공하지 않음	한정된 사용자로 제공	무제한
Management (관리)	개별 사용자 및 그룹에 대해 로컬에서 사용자 자격 증명 관리	○	○	○
	Workflow 스냅샷 생성 및 이전 버전과 비교	○	○	○
	서버 작업 모니터링(실행 및 예약된 작업), 사용 권한 조정, 진행 중인 서비스 관리	○	○	○
	데이터 계통에 대한 Workflow 세부 요약 엑세스		○	○
	여러 KNIME Analytics Platform 클라이언트 설치 및 사용자 지정에 대한 설정을 중앙에서 관리하여 IT 운영		○	○
	OAuth/OIDC를 통해 회사 LDAP/Active Directory 설정 및 SSO(Single Sign-On)와 인증 통합			○
	온프레미스, 클라우드 또는 하이브리드 모드에 설치된 KNIME Executors를 사용한 컴퓨팅 리소스의 탄력적 확장			○
	KNIME Executor의 전용 그룹을 관리하고 팀 또는 그룹에 실행 권한을 할당			○

Management (관리)	사용한 만큼만 지불하는(pay-as-you-go pricing) 탄력적인 확장 및 축소			○
	KNIME Edge에 추론 서비스 배포			○
	KNIME Server 제품 지원			○

2. KNIME Server 권한 체계

- 사용자(User): 사용자는 고유한 ID를 가진 개인이며, KNIME 소프트웨어를 사용하도록 승인된 고객의 직원, 계약자, 조언자 또는 대리인일 수 있습니다. 사용자는 KNIME Software의 전체 기능에 엑세스 할 수 있으며 Workflow, 데이터, 폴더 또는 예약된 작업 등과 같은 항목을 KNIME Server에서 소유하는 동안 활성화됩니다. 라이센스는 허용되는 사용자 수를 정의합니다.

- 소비자(Consumer): 소비자는 KNIME 소프트웨어를 사용할 수 있는 개인(내부 또는 외부) 또는 고유 ID를 가진 머신입니다. 이들의 유일한 상호 작용은 제공된 API 또는 KNIME Web Portal을 통해 Workflow를 실행하는 것입니다. 라이센스는 허용되는 소비자 수를 정의합니다. KNIME Server Large는 소비자 수 제한이 없습니다.

- 관리자(Admin): 관리자는 KNIME Server에 대한 모든 권한을 가지고 있습니다.

- 코어(Core): 코어는 물리적 하드웨어의 경우 물리적 CPU 코어를 의미하며 서비스형 인프라(IaaS)의 경우 '가상 CPU' 코어를 의미합니다. 서비스형 인프라(IaaS)가 물리적 CPU와 가상 CPU 간의 관계를 정의하는 경우 물리적 CPU 코어 수가 우선해야 합니다. 실행할 라이센스가 부여된 코어 수는 Software 실행에 할당할 수 있는 최대 CPU 코어 수를 나타냅니다. 라이센스는 KNIME Software에서 사용할 수 있는 CPU 코어 수를 정의합니다.

3. 데이터 소스 지원

다양한 데이터 소스를 지원하며 국내 RDBS도 지원합니다. (국내 RDBMS(Tibero, Cubrid, Altibase) 사용 가능)

- Database
  - · Altibase
  - · Amazon Athena, Redshift
  - · AWS DynamoDB
  - · Apache Derby
  - · Cassandra
  - · Cubrid
  - · Exasol
  - · IBM DB2 / Informix
  - · InfluxDB
  - · SAP HANA
  - · Google BigQuery
  - · H2
  - · MS Access database
  - · MS SQL Server
  - · MongoDB
  - · MySQL
  - · MariaDB
  - · Oracle
  - · PostgreSQL
  - · Presto

- · SQLite

- · Snowflake

- · Spark SQL(Spark Support Version - 2.2, 2.3, 2.4, 3.0, 3.1, 3.2)

- · Vertica

- · Teradata Aster

- · Tibero

- File Format

  - · ARFF

  - · CSV

  - · Excel

  - · File

  - · Line

  - · Table

  - · PMML

  - · Fixed Width File

  - · Model

  - · ORC

  - · Parquet

  - · HTML(Table to HTML)

  - · PDF

  - · XML

  - · JSON

  - · Image(JPEG, PNG, SVG…etc)

  - · Archive(zip, tar… etc)

- Object Stores

  - · Amazon S3

  - · Azure Blob Storage

- · Azure Data Lake Stoarge Gne2

- · Databricks File System

- · Google Cloud Storage

- · Google Drive

- · MS SharePoint Online

- · SMB

- · SSH

- · FTP

- – BigData

  - · HDFS

  - · Hive

  - · Impala

  - · Kafka

  - · Spark

  - · Spark SQL

- – Applications

  - · MS Power BI

  - · Tableau

- – API

  - · Google API

  - · Twitter API

실무에서 바로 사용하는
데이터 전처리 및 통합분석 with KNIME

초판 1쇄 발행 2023년 01월 02일

지은이 잘레시아
펴낸이 류태연

기획 박승연 | **편집** 김수현 | **디자인** 렛츠북 디자인팀

펴낸곳 렛츠북
주소 서울시 마포구 양화로11길 42, 3층(서교동)
등록 2015년 05월 15일 제2018-000065호
전화 070-4786-4823 | **팩스** 070-7610-2823
홈페이지 http://www.letsbook21.co.kr | **이메일** letsbook2@naver.com
블로그 https://blog.naver.com/letsbook2 | **인스타그램** @letsbook2

ISBN 979-11-6054-592-0 (13000)